HILDE BÜRGER

„Bezwingt des Herzens Bitterkeit! Es bringt nicht gute Frucht, wenn Hass dem Hass begegnet.“

Friedrich von Schiller, Maria Stuart,1800
3. Akt, 3. Auftritt
Georg Talbot, Graf von Shrewsbury

Hilde Bürger

BEZWINGT DES HERZENS BITTERKEIT

Drei Leben –

vor, in und nach Theresienstadt

tredition

Hamburg 2020

2. Neuauflage, Erstausgabe 1984

© 2020 Renate Bürger

Herausgeber: Werner Imhof

Umschlaggestaltung: Werner Imhof
Lektorat, Korrektorat: Werner Imhof

Verlag und Druck: tredition GmbH, Halenreie 40-44,
22359 Hamburg

ISBN Paperback   978-3-347-11509-5
ISBN Hardcover   978-3-347-11510-1
ISBN E-Book   978-3-347-11511-8

Umschlag Werner Imhof unter Verwendung eines Motivs von Barbara Wiesinger und eines Fotos von H. Schrempp

Bildnachweis

Alle Abbildungen entstammen dem Privatarchiv der Familie Bürger.

Meiner lieben Familie gewidmet

Inhalt

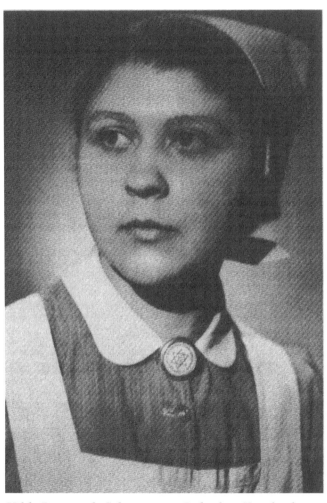

Hilde Bürger als Schwester im Jüdischen Krankenhaus

Kindheit und Jugend in ärmlichen Verhältnissen

Wenn ich an die Jahre zurückdenke, so kommt es mir vor, als hätte ich mehrere Leben gelebt: die Kindheit, Berufsleben von 1934 – 1938, Lernschwester und Stationsschwester im Jüdischen Krankenhaus, KZ Theresienstadt, Heirat und danach ein glückliches und zufriedenes Familienleben.

Am 19. Mai 1916 bin ich in der Hildegardstraße in Berlin-Wilmersdorf zur Welt gekommen. Meine Mutter, Margareta Pohlmann, war als Jüdin in Berlin geboren. Ihr Vater, mein Großvater – Beruf: Metallbläser –, kam aus Ostpreußen. Ihre Mutter, meine Großmutter – Beruf: Hausangestellte –, stammte aus Posen. Der Großvater starb schon mit zweiundvierzig Jahren an einer Tbc, die er sich durch den Metallstaub als Metallbläser bei der Firma Hauptner, Tierärztliche Instrumente, in der Luisenstraße, Berlin, geholt hatte. Mein Vater, Albert Kallenbach, war in der Türkei von einem deutschen Vater und einer armenischen Mutter geboren. Er hatte die französische Staatsangehörigkeit.

Bei meiner Geburt lebten meine Mutter und mein Vater zusammen, die Großmutter hatte ihnen die Wohnung eingerichtet. Die Heiratspapiere auf dem französischen Konsulat ließen angeblich immer auf sich warten, das behauptete jedenfalls mein Erzeuger, bis er eines Tages verschwand. Da er Ausländer war, entschied das Gericht auf eine einmalige Abfindung für mich auf ein Sperrkonto; in der Inflationszeit war das Geld dann futsch.

Das war nun ein großes Unglück für meine sittenstrenge Großmutter. Meine Mutter, die meinen Erzeuger über alles geliebt hatte, zog mit ihrem Bankert, wie Großmut-

Meine Mutter 1915

ter mich nannte, wieder zurück in die Einzimmer-Hinterhauswohnung des Berliner Nordens, Schwedterstraße. Zunächst wohnten wir dort zu viert: Großmutter, die zwei Jahre ältere Schwester meiner Mutter, Jenny, und wir beide, Mutter und ich. Tante Jenny lernte bald einen

9

Soldaten kennen, der im Ersten Weltkrieg an der Ostfront eingesetzt und auf Urlaub in Berlin war: Martin. Der Zufall wollte es, dass er Jude und sogar in Jerusalem geboren war. Nach einer Kriegstrauung und gleich nach Ende des Krieges bezogen die beiden eine Zweizimmerwohnung in Berlin-Reinickendorf, wo ich später immer meine Schulferien verbrachte.

Onkel Martin erzählte oft und gern, wie er in Europa ankam, und ich hörte ihm ebenso gern zu. Die Eltern von Onkel Martin waren aus Russland nach Palästina ausgewandert und hatten dort für Deutschland optiert. Seine Mutter war eine stolze, resolute Frau und wollte, dass ihre Kinder einen angesehenen Beruf erlernen sollten. So schickte sie beide Söhne, nachdem sie in Palästina eine deutsche Schule besucht hatten, nach Deutschland. Der älteste Sohn wurde Apotheker und war schon einige Jahre in Frankfurt am Main, bevor Onkel Martin dort eintraf. Da die Eltern in Jerusalem fromme Juden waren, hatten sie die Söhne auch dementsprechend auf die Reise geschickt. Onkel Martin erzählte: „Ich kam mit Bart, Schläfenlocken, langem Kaftan und Käppchen in Frankfurt an. Mein Gepäck bestand aus einem verschnürten Karton und einem Oberbett. Die Adresse meines Bruders hatte ich bei mir, doch ich wusste nicht, wie ich dahin gelangen sollte. Ein Mann hatte mich beobachtet und kam zu mir. Er schaute auf den zerdrückten Zettel und fuhr mit mir in einer Pferdekutsche in Frankfurts Peripherie, wo mein Bruder in einer Apotheke arbeiten sollte. Der gütige Helfer bezahlte den Kutscher, denn ich hatte keinen Pfennig bei mir. In der Apotheke stellte sich heraus, dass mein Bruder inzwischen die Stellung gewechselt hatte. Der dortige Chef wusste aber die Adresse, wo mein Bruder in einem

10

möblierten Zimmer wohnte. Der gute Mann, der mir vom lieben Gott geschickt worden war, brachte mich auch dorthin und verabschiedete sich dann. Ich wollte mir gerne seine Adresse geben lassen, doch der Mann winkte ab. Später habe ich in Frankfurts Straßen vergeblich nach ihm Ausschau gehalten.

Also klingelte ich an der Wohnungstür, an der auch der Name meines Bruders stand. Es öffnete eine ältere, unfreundliche Frau. In gebrochenem Deutsch fragte ich nach meinem Bruder. Sie gab mir zu verstehen, dass er nicht zu Hause wäre und erst abends zurückkäme. Dann schlug sie mir die Tür vor der Nase zu. Verzweifelt setzte ich mich auf die Treppe, um zu warten, dabei schlief ich ein. Plötzlich wurde ich gerüttelt, und mein Bruder stand vor mir. Er war außer sich, dass man ihn nicht benachrichtigt hatte, und er schleuste mich vorsichtig in sein Zimmer ein. Ganz erschrocken war ich, dass mein Bruder keinen Bart und keine Schläfenlocken mehr hatte und einen westlichen Anzug trug. Er meinte: »So musst du auch bald aussehen, denn man darf hier nicht auffallen.«"

Der Onkel zog dann zu seinem Bruder. Er hat in einem Laden für Wirtschaftsartikel als Verkaufshilfe gearbeitet und von dem verdienten Geld die Gauß-Schule besucht. Mit gutem Resultat machte er den Abschluss als Elektroingenieur und bekam bei AEG in Berlin eine Stellung. Dann wurde er im Ersten Weltkrieg eingezogen.

Onkel Martins Mutter 1887

Onkel Martins Vater 1885

Inzwischen hatte ich mich schon längst in das Herz der
Großmutter eingeschlichen. Meine Mutter, deren Abgott

ich war, arbeitete in der Schokoladenfabrik Cyliax, um für mich zu sorgen. Großmutter hatte eine sehr kleine Rente, und wir kamen immer mehr schlecht als recht über die Runden. Durch die Sparsamkeit und Hausfrauentugenden der Oma brauchten wir, was das Essen anbelangte, aber keine Not zu leiden. Großmutter ging kurz vor Markthallenschluss einkaufen und brachte dann Fleisch und angestoßenes Obst mit, das die Händler los sein wollten. Ich kann mich erinnern, dass ich selten in die Schule einen ganzen Apfel mitbekam, er war fast immer ausgeschnitten. Zum Geburtstag erhielt ich stets ein neues Kleid. Meine Mutter kaufte einen Stoffrest für 75 Pfennige das Meter. Eine Freundin von ihr nähte mir daraus ein Kleid. Wie stolz ging ich damit immer zur Schule, es war die 89. Gemeindeschule in der Schwedterstraße.

Als ich einmal für einen Aufsatz aller Berliner Grundschulen „Wie verlebe ich mein Wochenende" einen Ehrenpreis bekam, war der Stolz meiner Mutter und Großmutter grenzenlos: ich war erst acht Jahre alt. Die Schule erhielt ein Diplom, was in die Aula gehängt und 1933 sofort entfernt wurde. Auch ich bekam ein Diplom, das die Großmutter im ganzen Hinterhaus herumzeigte. Ich weiß noch, wie unangenehm mir das war. Bald sollte meine Mutter in die Schule kommen. Da sie nicht redegewandt genug war, wurden alle meine schulischen Dinge von Tante Jenny erledigt. Von Seiten der Schule wurde vorgeschlagen, dass ich mit zehn Jahren in die Langesche Mittelschule kommen sollte. Ich bekam ein Stipendium. Der Kommentar meiner Mutter: „Das hat das Kind von mir."

Meine Schulfreundin Gretchen Bosisio wollte natürlich mit mir kommen; da die Eltern zahlen konnten, war das kein Problem für sie. Ich muss noch erzählen, wie wir, Gretchen und ich, Freundinnen wurden. Bei der Einschulung saß ich vor ihr. Meine sehr krausen, fast schwarzen Haare, die ich von meinen Vorfahren geerbt hatte, waren in einem Zopf, der steif abstand, gebändigt. Dieser Zopf imponierte Gretchen sehr. Obwohl sie immer sehr schüchtern war, meldete sie sich am dritten Schultag. Auf die Frage der Lehrerin, sagte sie mit weinerlicher Stimme: „Ich habe meine Frühstückstasche vergessen." Die Lehrerin fragte: „Wohnst du weit von hier?" – „Nein", sagte Gretchen, „an der Ecke Kastanienallee." – „Na, dann kannst du sie in der Pause ausnahmsweise holen." Wieder meldete sich Gretchen: „Darf ich jemanden mitnehmen?" – „Wen willst du denn zur Begleitung?" Mit dem Zeigefinger zeigte Gretchen auf mich: „Die da!" – „Ihr dürft zusammen gehen", sagte Fräulein Golke. Ich war stolz. Wir zogen zusammen Hand in Hand los. Unterwegs sagte Gretchen: „Willst du meine Freundin sein?" Aus tiefstem Herzen sagte ich ja. (Heute noch, nach sechzig Jahren, sind wir befreundet.)

An der Ecke Kastanienallee sagte Gretchen zu mir: „Hier musst du auf mich warten." Sie ging in einen Laden, eine Eiskonditorei. Gretchens Vater war Italiener und verkaufte italienisches Eis. Aus ganz Berlin kamen die Leute dorthin, um das gute italienische Eis zu kaufen. Später durfte ich natürlich immer mit in den Laden kommen, und oft bekam ich von dem netten Vater eine Eiswaffel, die für mich eine Kostbarkeit bedeutete.

Zu Hause lebten wir sehr beengt. Wir schliefen zu dritt im Wohnzimmer. Neben dem Kachelofen hatte ich meine Chaiselongue, daneben einen Tisch und unter dem Tisch mein Spielzeug. Wir aßen zusammen am Küchentisch, Mutter und Großmutter gaben mir immer die besten Bissen. Meine Mutter war stets lustig und voller

Hilde 1919

Humor und konnte oft die Leute karikieren. Bei jeder Hausarbeit sang sie aus vollem Halse, meist Operettenmelodien. Die Leute im Hinterhaus meinten dann: „Die Grete schmettert wieder." Sie war sehr beliebt.

Wir beide, meine Mama und ich, waren unzertrennliche Freundinnen und machten uns auch einen Spaß daraus, Oma zu hintergehen. So legte die Großmutter in ihrer Sparsamkeit im strengen Winter vier Kohlen in den Kachelofen. Wir warteten, bis Großmutter in die Küche gegangen war, und Mutter brachte unter der Schürze noch drei Kohlen herein, die ich vorsichtig auf die anderen legte. Dann wartete ich vor dem Ofen, bis alles durchgebrannt war, und machte den Ofen leise zu. Später sagte dann die Großmutter: „Seht ihr, wenn es nach euch gegangen wäre, hätten wir drei Kohlen verschwendet. Ist es nicht herrlich warm mit den vieren?" Wir feixten.

Meine Mutter war eine große Liebhaberin der Vögel. So hatten wir in unserer kleinen Wohnung sechs Vogelbauer mit zwei Kanarienvögeln, zwei Wellensittichen, Rotkehlchen, China-Nachtigall, Zeisig, Stieglitz, Buchfink und Bluthänfling. Zweimal in der Woche wurden die Käfige saubergemacht, freitags wurden sie besonders gründlich gesäubert. An dem Tag ging ich immer nach der Schule zu Gretchen. Es war zu Hause zu ungemütlich für mich. In aller Frühe gab es bei uns stets ein herrliches Vogelkonzert; verwunderlich war, dass das Rotkehlchen beinahe so laut wie die China-Nachtigall schmetterte. Überhaupt das Rotkehlchen! Es war mein Vögelchen, denn ich bekam es einmal zum Geburtstag geschenkt. Es wurde sehr zahm und durfte morgens und abends in der Küche herumfliegen. Am Frühstückstisch holte es sich stets aus Großmutters Kaffeetopf eingeweichte Krümel und verspeiste sie vor uns auf dem Tisch. Sobald wir ein Schüsselchen mit Wasser auf den Fußboden stellten, badete es so genussvoll, dass die Federchen völlig vom Wasser durchtränkt waren, die rote Farbe war weg und es sah ganz struppig und hässlich aus. Es konnte dann nicht mehr hochfliegen und schüttelte und putzte sich so lange, bis es wieder fliegen konnte. Stets erfreute es uns mit seinem süßen Liedchen auf oder im Käfig. Abends, beim Schein der Petroleumlampe sang es leise perlend, zu Herzen gehend. Wenn wir einmal bei Dunkelheit nach Hause kamen und die Tür aufschlossen, knäckerte es sofort; wir liebten es sehr. Es wurde elf Jahre alt.

Eines Morgens lag es tot im Käfig. Ich war untröstlich, denn ich hatte bisher meinem kleinen Freund alle Freuden und Leiden erzählt. Mein lieber Kamerad war von mir gegangen. In einen kleinen, mit Rosenblättern ausgelegten Karton legte ich mein Vögelchen und vertraute es meiner Mutter an, da ich bis zum späten Nachmittag in einem En-Gros-Geschäft arbeiten musste. Meine Mutter hatte Mittagszeit und sollte das Hänschen auf dem Zionskirchplatz beerdigen.

Am nächsten Tag sagte sie, wenn wieder ein Vögelchen sterben sollte, würde es in die Mülltonne wandern, denn sie sei sich ziemlich lächerlich vorgekommen auf dem Zionskirchplatz. Als sie die geeignete Stelle suchen wollte, klopfte ihr der Parkwächter auf die Schulter mit den Worten: „Na Frauchen, wat suchen Sie denn hier?" – Sie erzählte ihm von dem Rotkehlchen, und dass sie von mir den Auftrag hätte, es zu beerdigen. „Na, det habn wa gleich", sagte der nette Berliner und holte eine große Schaufel. Inzwischen hatten sich ein paar neugierige Frauen eingefunden, die sich dem Beerdigungszug anschlossen. So wurde mein Rotkehlchen zu Grabe getragen. Der Parkwächter hielt sogar eine kleine Ansprache, und die Frauen schnäuzten in ihre Taschentücher, natürlich vor Lachen. Meine Mutter zeigte mir auf mein Drängen hin die Stelle, wo das Vögelchen beigesetzt sein sollte. Ich ging ab und zu mit einem Blümchen dorthin. Später sagte sie mir, dass sie die Stelle gar nicht mehr in ihrem Gedächtnis habe und mir eine beliebige Stelle angegeben hätte. Ja, das war meine gute Mutter!

Als ich in die Schule kam, wurde der Religionsunterricht für mich problematisch. Ich fragte meine Mutter, was ich tun solle. Sie meinte: „Meine Religion heißt: Tue recht und scheue niemand, und da ist es mir egal, ob du am christlichen oder jüdischen Religionsunterricht teilnimmst." Und so nahm ich am evangelischen Religionsunterricht teil. Der Großmutter war das aber gar nicht egal. Sie fühlte sich als Jüdin und bestand darauf, dass auch ich jüdischen Religionsunterricht haben sollte. Sie meldete mich in der Riekestraße zum Unterricht an. Ich ging gern dorthin, es machte mir Spaß, die hebräischen Buchstaben zu lernen und von Rabbiner Dr. Weil Geschichten aus dem Alten Testament zu hören. Für Fleiß bekam ich dort dreimal eine Buchprämie, die Großmutter wieder überall herumzeigte. Zu den hohen Feiertagen ging Großmutter immer mit mir in den Tempel. Einmal beobachtete ich, wie sie sehr fromm betete. Plötzlich sah ich, dass sie das Buch verkehrtherum hielt – sie konnte also gar nicht Hebräisch lesen.

Ab und zu ging die Großmutter mit mir zu einer gutsituierten jüdischen Familie, die in der Nachbarschaft eine Schneiderwerkstatt besaß, und zeigte dort meine guten Zeugnisse. Dann bekam ich immer eine Tafel Schokolade oder auch Geld geschenkt, und es wurde für mich dort ein Mäntelchen oder Kleidchen genäht.

Meine Großmutter mit mir 1918

Zum Passah-Fest, wo ein Jude immer einen Armen an seinem Tisch speisen lassen sollte, wurde ich zu dieser Familie eingeladen. Ehe man das Essen auftischte, wurde lange gebetet. Das war furchtbar langweilig für mich. Ich dachte dabei immer hoffentlich nimmt die Beterei bald ein Ende, und es gibt das Essen. Es roch so gut. Später musste ich als Jüngste am Tisch auch ein Gebet sprechen. Ich hatte das auswendig gelernt und konnte es nicht übersetzen; ich wusste gar nicht, was ich betete.

Auf Initiative der Großmutter kümmerte sich auch die Jüdische Gemeinde um mich; ab und zu kam eine Fürsorgerin ins Haus. Zu Chanukka wurde ich immer zu einer Feier eingeladen und erhielt dort ein großes Paket: Man hatte mich völlig neu eingekleidet. Mir waren die vielen Almosen sehr peinlich. Warum mussten wir denn so arm sein, dass ich immer von anderen beschenkt werden musste? Warum hatte ich denn keinen Vater, und warum hatte der liebe Gott ihn so jung sterben lassen? Meine Mutter hatte mir nämlich erzählt, dass er, als ich noch ein Baby war, an Lungenentzündung gestorben war. Glühend beneidete ich meine Klassenkameradinnen, die einen Vater hatten. Trotz aller Freundschaft mit Gretchen war mein Neid grenzenlos wegen dieses lieben Vaters, den sie hatte. Gretchens Mutter war dagegen etwas farblos und nörgelte viel. Da war mir meine Mutter lieber.

Unser Hinterhaus war echtes Zille-Milieu, und rückblickend denke ich, dass Heinrich, wenn er einmal in unseren Hinterhof gekommen wäre, uns alle gemalt hätte. Da spielten wir Kinder zwischen den Müllkästen, malten mit Kreide unsere Wohnungen für das Mutter- und Kind-Spiel. Wer einen Springreifen, Kreisel, Murmeln etc. hatte, war reich. Oft kam ich tränenüberströmt nach oben in die Wohnung, wenn man mir meine schönen bunten Murmeln abgewonnen hatte.

Einmal im Jahr war Erntefest auf dem Hinterhof. Kreuz und quer wurden Schnüre mit bunten Fähnchen gezogen, ein paar Stühle mit Tischen wurden aufgestellt, es kam ein Leierkastenmann, und es wurde viel getanzt. Die Kinder wetteiferten im Sackhüpfen und Eiertragen unter der Aufsicht von Onkel Pelle. Bei Dunkelheit gab es Feuerwerk. All diese Auslagen bestritten die begüterten Familien aus dem Vorderhaus, vor allen Dingen die Wirtin, die ein Milchgeschäft besaß.

Als ich in die Höhere Schule kam, hatte ich nicht mehr soviel Zeit, mit den anderen Kindern auf dem Hof zu spielen, ich hatte auch die Leidenschaft des Lesens entdeckt. So saß ich oft in der Küche auf dem Fensterbrett, versteckt hinter dem Gaze-Spindchen mit dem Blumenbrett, wo die Geranien blühten, und habe Jugendbücher gelesen, die ich teils geschenkt, teils geborgt bekommen hatte. So trat mit meinen Kindheitsgespielinnen eine leichte Entfremdung ein. Ausflüge nach dem Exerzierplatz habe ich aber immer mitgemacht. Mit Kecke, Stullen und einer Flasche Kräutertee ging es los. Das waren die kleinen Freuden der Kindheit.

Oft gab es bei mir zu Hause auch große Angst und Tränen, und manchmal kam es zu heftigem Streit zwischen Großmutter und Mutter. Mutter hatte nämlich ab meinem achten Lebensjahr einen Freund, der uns finanziell unterstützte. Er brachte Lebensmittel mit, bezahlte die Gasrechnung und kaufte für mich Spielsachen und Bücher. Er nahm mich mit in die Oper, Operette und ins Theater.

Nun sollte man meinen, dass ich ihn gern gehabt hätte. Nein, ich konnte ihn aber nicht leiden. Er hatte etwas an sich, was ich als Kind noch nicht deuten konnte. Außerdem hörte ich aus dem Schimpfen der Großmutter heraus, dass der Streit immer um diesen Onkel ging. Einmal beschimpften sich Mutter und Großmutter so heftig, dass ich angstvoll zu einer angeheirateten Cousine meiner Mutter lief, die mich erst beruhigen und dann wieder nach Hause zurückbringen musste. Als ich älter wurde, empfand ich diesen Mann als schleimig, unaufrichtig und äußerlich unsauber. In der Nazi-Zeit bewahrheitete sich dann mein Empfinden. Gleich 1933 hat er uns verlassen. Meine Mutter sagte mir dann bitter, dass sie den Mann nie geliebt hätte, sie habe das nur für mich getan, um mir eine bessere Kindheit zu bieten.

Zurück zur Schule. Als ich ein Jahr in der Mittelschule war, wurde meiner Mutter in einem Brief eröffnet, dass man mich zu einer Aufnahmeprüfung des Ulrich-Lyzeums am Senefelderplatz vorgeschlagen hätte. Dort wurde ich von einer sehr netten Lehrerin, Fräulein Laubhard, geprüft und mit Stipendium im Lyzeum angenommen. Ich kam dort in die Quinta. Wir waren nur eine kleine Klasse von 16 Schülerinnen, die aus allen Schichten kamen. Es gab dort auch eine Jüdin, Sala Neumann, die aus einem orthodoxen Elternhaus stammte. Wir freundeten uns an, doch die Eltern billigten unseren Kontakt nicht, weil ich in ihrem Sinne nicht fromm genug war. So trafen wir uns nach der Schule auf der Straße, oder ich nahm sie mit zu uns nach Hause.

Wir hatten eine Klassenlehrerin, der ich noch heute sehr dankbar bin, weil sie den Sinn für die Natur bei uns geweckt hat. Sie machte große Ausflüge mit uns, manchmal auch Dreitage-Ausflüge, was immer einen Höhepunkt bedeutete. Mit Stöckelschuh, engem Rock oder Handtasche wurde niemand mitgenommen, Haferlschuhe, Dirndl und Rucksack gehörten zur Ausrüstung. Diese wanderfreudige Lehrerin behielten wir bis zur Obertertia.

Im Lyzeum meldete ich mich wieder zum evangelischen Religionsunterricht an. Religion gab Fräulein Laubhard, die wie ich auch Halbjüdin war. Nachdem ich ein Jahr lang bei ihr am evangelischen Religionsunterricht teilgenommen hatte, schwenkte sie zum Judentum über und gab in derselben Schule plötzlich jüdischen Unterricht. Fräulein Krafft, die wir schon vom Geschichtsunterricht kannten, gab den evangelischen. Da ich Fräulein Krafft sehr liebte, blieb ich beim evangelischen Religionsunterricht. Zu meinem Leidwesen sanken meine Noten von den Einsern auf Zweier und Dreier, im Lyzeum wurden doch andere Maßstäbe gesetzt. Trotzdem verlief die Schulzeit bis Untersekunda sehr unbeschwert.

Man schrieb das Jahr 1933; Hitler kam an die Macht. Ein Teil meiner zehn Mitschülerinnen veränderte sich. Zwei trugen schon das Parteiabzeichen und drei das Hakenkreuz. Die Lehrer wurden unsicher. Es wurde nur noch mit „Heil Hitler" gegrüßt, und ich war tief unglücklich, dass meine geliebten Lehrerinnen, Frl. Frömsdorf und Frl. Krafft, sowie meine Klassenlehrerin, Frl. Ippel, auch so grüßten. Heute weiß ich, dass sie es mussten, denn sonst wären sie diffamiert und arbeitslos geworden. Frl. Frömsdorf und Frl. Ippel gaben mir später, als ich es brauchte, sogar eine Bescheinigung, dass ich am evangelischen Religionsunterricht teilgenommen hatte. Das war gefahrvoll für sie. Frl. Krafft wurde mir später Freundin und Vize-Mutter.

Das Einjährige, die Obersekunda-Reife, erhielt man durch ein Examen. Der Oberschulrat, der als Sozialdemokrat bekannt war, wollte nun seine Stellung bei den Nazis festigen und gab uns beiden jüdischen Schülerinnen in allen Fächern eine Note schlechter, als wir eigentlich verdient hatten. Nur im Deutschen konnte er sich mit der Drei bei mir nicht durchsetzen, weil das ganze Lehrerkollegium auf einer Zwei bestand. Weihnachten zuvor hatte ich sogar ein Gedicht für Spenden zur Winterhilfe gemacht, das in größerer Auflage gedruckt wurde. Jede Schülerin der Schule erhielt ein Exemplar.

Helft und gebt!

Begrüßt mit Freuden weit und breit
Naht wieder die schöne Weihnachtszeit,
Ersehnt sie doch im ganzen Jahr
Mit Hoffnungsglück die Kinderschar.
Denn wie jauchzen sie vor Seligkeit,
Ist unterm Baum nur 'ne Kleinigkeit.

Doch Armut bietet keinen warmen Raum,
Weder Schaukelpferd noch Weihnachtsbaum,
Keine Jacke, keinen Mantel, kein Kleid,
Nicht mal die dringendste Notwendigkeit.
Das Kinderherz wäre enttäuscht vor Schmerzen,
Gäb' es nicht so viele gute Herzen.

Darum fleht Euch an der Kinderblick:
Traget bei zu unserem Weihnachtsglück!
Helft und gebt! Jede Kleinigkeit
Nehmen wir an mit Dankbarkeit.
Denn wer der andern hat gedacht,
Sich erst das Fest zum Feste macht!

Eine Schülerin der Untersekunda

Das Lehrerinnenkollegium
und der Elternbeirat des Ulrich-Lyzeums,
Berlin, Schönhauser Allee 4a,
Weihnachten 1932

In den letzten Lyzeumsjahren hatte ich mich mit einer Mitschülerin, Ursel, angefreundet, die wie ich aus armen Verhältnissen stammte. Nach dem Einjährigen besuchte sie die Höhere Handelsschule. Wir kamen ab und zu zusammen. Ich spürte auch, dass sie mit dem Dritten Reich nicht viel im Sinne hatte. Mit der jüdischen Freundin Sala war es zum Bruch gekommen, da die Eltern als orthodoxe Juden sehr intolerant waren und ihr den Umgang mit mir verboten hatten. Gretchen besuchte die Handelsschule Rakow, und wir waren nach wie vor befreundet.

Eines Tages sagte sie mir, dass in ihrer Tanzstunde noch Mädchen fehlten, und ich könnte umsonst daran teilnehmen. Freudig ging ich in meinem schönsten Kleid dorthin, doch es blieb bei dem einen Mal. Die Jünglinge wirkten auf mich damals sehr dämlich und hatten fast alle ein Hakenkreuz im Knopfloch.

Gretchens Vater, der dunkles, krauses Haar hatte, wurde von den Nazis oft als Jude angesehen. Sein Laden wurde beschmiert, und da gab er die Eiskonditorei auf und zog sich in ein eigenes kleines Häuschen nach Rudow zurück.

Als ich einmal nach Hause kam, sah ich verweinte Gesichter. Onkel Martin und Tante Jenny wollten nach Palästina auswandern. Onkel Martin konnte die braunen Aufmärsche nicht mehr ertragen, und so zog es ihn in die Heimat zurück. Leider hat er, schon über fünfzig Jahre alt, beruflich dort nie Fuß fassen können. Er machte Gelegenheitsarbeiten als Elektriker und wurde von der Tel Aviver Stadtverwaltung im Öffentlichen Dienst bei Gartenarbeiten beschäftigt. Tante Jenny verdiente sich etwas durch Putzarbeit morgens um 7 Uhr bei einem Zahnarzt und ab und zu als Babysitter. Sie kamen gerade so hin, dass sie die Miete bezahlen und bescheiden leben konnten.

Meine Mutter war immer sehr böse, dass ihre Schwester nicht auch einmal etwas für die Mutter schickte. Wir wussten nicht, dass sie es nicht konnten. Als sie auswanderten, waren wir alle mit den Verwandten auf dem Bahnhof Zoo. Tante Jenny kam mit hochrotem Kopf, schwankend, einen zugedeckten Vogelkäfig in der Hand, auf den Bahnsteig. Ich wunderte mich sehr, den Anblick habe ich nie vergessen. Meine Mutter sagte mir, der Alkohol sollte der Tante die Abreise leichter machen. Da ihre Mutter schon über siebzig Jahre alt war, wusste sie, dass sie sie wahrscheinlich nie wiedersehen würde; das hat sich bestätigt.

Lehrjahre und Beruf unter dunklem Stern

Leider zerrann mein großer Traum. Ich wollte so gerne das Abitur machen und Medizin oder Pädagogik studieren. Das war nun durch meine jüdische Abstammung unmöglich geworden. Ein Cousin meiner Mutter mit Frau und Tochter wanderte schon 1933 nach Amerika aus. Ich beschwor Mutter und Großmutter, auch auszuwandern. Die Antwort meiner Mutter war: „Ne, ne, uns tut man nichts. Wir sind doch hier geboren, und dann haben deine Großeltern im Weltkrieg Gold für Eisen gegeben. Wir haben noch die Urkunde." Und Großmutter meinte: „Wir waren immer dem Kaiser treu, außerdem, woher sollen wir das Geld für die Auswanderung nehmen?" Ich dachte an eine Organisation und Bürgschaft des Onkels, der inzwischen in Amerika als Buchdrucker Fuß gefasst hatte. Ich stieß aber auf Granit. Was sollte ich nun nach der Schule machen? Meine geliebte Mutter, die Optimistin, sagte: „Kommt Zeit, kommt Rat!"

Meine Großmutter konnte bald die Welt nicht mehr verstehen. Wenn sie sich auf dem Zionskirchplatz zu ihren Frauen setzte, mit denen sie immer ein Schwätzchen gehabt hatte, standen diese sofort auf. Bald gab es dort eine Bank „für Juden". Natürlich ging sie nicht mehr hin. Nun nahm sie sich immer ein Klappstühlchen und setzte sich etwas abseits von der Haustür auf die Straße. Das ging so lange gut, bis Bengels in Uniform vorbeikamen und sie anspien. Als sie aufstehen wollte, stellte einer ihr ein Bein, so dass sie hinschlug und blutend nach oben kam. Sie weinte bitterlich. Ich verband ihre Kopfwunde und brachte sie gleich ins Bett. Jetzt war es auch mit dem Plätzchen auf der Straße vorbei. Sie saß nur noch hinter der Gardine am offenen Fenster.

Für mich kam, wie ich damals glaubte, ein Glücksfall. Die Direktorin des Lyzeums, die sich jetzt 200%ig nazistisch gab, ließ mich zu sich kommen. Sie eröffnete mir, dass sie eine Höhere Frauenschule an das Lyzeum anschließen wolle. Leider hätte sie bisher nur sechs Schülerinnen, und nur mit sieben könnte sie die Schule eröffnen. Wenn ich wolle, würde sie mich unentgeltlich aufnehmen. Die Bedingung wäre, dass ich alles mitmachen müsste und niemand merken dürfte, dass ich Halbjüdin sei. Natürlich sagte ich zu, denn das war eine große Chance für mich. Später habe ich das als Verrat bitter bereut.

Morgens stand ich mit den anderen stramm, wenn die Direktorin hereinkam mit erhobenem Arm und mit „Heil Hitler". In der Staatsbürger- und Rassenkunde musste ich sehr oft aus „Mein Kampf" vorlesen. Immer mehr spürte ich, wie blamabel das für mich war, aber ich konnte nicht mehr zurück.

Eines Tages meuterten dann meine Mitschülerinnen, weil ich am evangelischen Religionsunterricht teilnahm. Vier von ihnen stammten noch aus der Lyzeumszeit. Meine geliebte Lehrerin, Frl. Krafft, nahm sich die Mädchen vor. Sie kamen alle zu mir und baten mich, wieder am Unterricht teilzunehmen.

Das Positive an der Frauenschule war, dass ich Kochen, Haushalt, Säuglings- und Kinderpflege lernte, die letzteren beiden Fächer im Diakonissenhaus Bethanien. Die leitende Diakonieschwester in der Kinderkrippe fragte mich in der letzten Woche vor unserem Abschluss, ob ich nicht bei ihnen Kinderschwester lernen wollte. Ich weinte bitterlich. Da nahm sie mich mit in ihr Privatzimmer, und ich erzählte ihr, wer ich war. Sie war von tiefem Mitleid erfüllt und meinte: „Lassen Sie mich mal machen!" Nach einigen Wochen erhielt ich die

Nachricht vom Krankenhaus Bethanien, dass das Gesuch bei Reichsmarschall Göring abgelehnt worden sei.

Nach der Frauenschule lud mich Frl. Krafft ab und zu nach Lichtenrade ein, das war stets ein Festtag für mich. Ihre Wohnung roch nach Lavendel. Sie zauberte immer etwas Gutes zum Essen. Danach legte sie mir viele Kissen in den Rücken, und wir unterhielten uns über alle möglichen Themen. Sie gab mir immer ein Buch mit nach Hause, über das wir dann das nächste Mal diskutierten, und so formte sie mich. Ich vertiefte mein Wissen und eignete mir auch eine bessere Sprache an. Manchmal durfte ich sogar bei ihr in einem kleinen Zimmer schlafen, ich kam mir dann immer wie eine Prinzessin vor. Ganz besonders genoss ich das Bad, das wir zu Hause ja nicht hatten. Auch das Frühstück war immer urgemütlich, mit mehreren Brotsorten, Butter, selbsteingekochten Marmeladen und Ei. Ich war dort im siebten Himmel, und meine gute Mutter wurde langsam eifersüchtig.

Als ich dann etwas Geld in einer Apotheke verdiente, was sehr wenig war, wollte man meiner Großmutter von ihrer kleinen Rente etwas abziehen. Da meldete ich mich bei Frl. Krafft in Lichtenrade an, wo ich in dem kleinen Zimmer eine Zeitlang wohnte.

Aber was sollte ich nun tun? Ich studierte die Zeitungen und bewarb mich bei vielen Firmen, bei denen ich annahm, dass der Chef Jude war. Eine einzige Antwort erhielt ich aus einer Apotheke. Ich stellte mich vor und wurde von dem Chef als Anlernling für die Kasse angestellt – für 60 Mark im Monat.

Die Rosenapotheke lag am Görlitzer Bahnhof, und so ging auch noch das Fahrgeld ab. Mittags wurde ich von der behinderten Schwester des Chefs abgelöst. Wenn die Kasse abends ein Defizit hatte, wurde mir das Geld noch von meinem geringen Verdienst abgezogen.

Das Betriebsklima war sehr unangenehm. Der Provisor machte sich ständig über den Chef lustig. Wenn der abwesend war, sprach er immer zu seiner Kollegin und zu mir von den Saujuden, denen man es schon zeigen würde. Meine Kasse war direkt an der Tür, der Laden schlecht geheizt, und so erfroren mir im Winter einige Zehen. Großmutters Hausmittel war Petroleum. Ich musste die Füße abends immer in das ölige Zeug stecken, was auch nichts half. Als ich wieder einmal für ein größeres Kassendefizit aufkommen sollte, kündigte ich kurz entschlossen. Nun war alles verfahren, was sollte ich nur anfangen!

Ich bewarb mich im Jüdischen Krankenhaus. Da mein Harn eiweißhaltig war, wurde ich abgelehnt. Meine ehemaligen Kindergespielinnen Trudchen und Lieschen, die mit mir im Hinterhaus gewohnt und die mich immer als etwas Besseres angesehen hatten, weil ich das Lyzeum besucht hatte, fragten mich, als wir uns zufällig trafen, was ich denn beruflich mache. Die beiden waren schon fertige Lageristinnen bei der Babywäsche-en-Gros-Firma Emanuel Cohn-Reisner. Sie sprachen mit ihren beiden Chefs, die glücklicherweise Juden waren, und so wurde ich als Volontärin eingestellt. Ich lernte dort zwei Jahre. Es war für mich eine eigenartige Situation, dass die beiden Kindheitsgespielinnen über mir standen und mir Befehle gaben.

Am Ende des letzten Lehrjahres verliebte ich mich heftig in den Neffen des Chefs, der Jurist war und dort in der Expedition arbeitete. Ich war zwanzig Jahre alt, hatte bisher nur die Turnlehrerin im Lyzeum angehimmelt, und nun begannen die Hormone heftig zu kreisen.

Da man als Jüdin nirgends mehr Anschluss bekam, fiel die Wahl fast auf jeden jüngeren Mann. Kurt hatte etwas gemerkt und sich mit mir am Potsdamer Platz verabredet. Er sagte mir, dass man als Jude in Deutschland nicht mehr bleiben könne und jede Gelegenheit benutzen müsse, um herauszukommen. Er würde schon in der nächsten Woche nach Amerika auswandern. Ich war todtraurig. Wir gingen zusammen ins „Haus Vaterland", und ich sollte mir bestellen, was ich wollte. Das Unglück hatte mir aber den Appetit verschlagen. Um Mitternacht brachte er mich nach Hause und küsste mich vor der Haustür. Ich war im siebten Himmel und schwor ihm ewige Treue. Aus Amerika erhielt ich ab und zu einen Brief und einmal einen silbernen Armreifen. Kurze Zeit später teilte er mir seine Verlobung mit, und damit war die Episode abgeschlossen.

Die jüdischen Chefs wanderten auch bald aus. Wir bekamen einen „arischen" Chef, der zu dem jüdischen Personal, das noch da war, sehr anständig war. Immer, wenn der Führer sprach, musste die ganze Belegschaft im Zuschneideraum zuhören. Wir Nichtarier saßen im Büro und hatten alle Pläne für die Zukunft. In der Hauptsache wollten die meisten noch auswandern. Ich war ratlos, da ich nie Mutter und Großmutter verlassen wollte.

Als ich bei dieser Firma ausgelernt hatte, eröffnete mir der Chef, dass er bald alle Nichtarier entlassen müsse. Ich sollte mich nach einer anderen Stellung umsehen. Da kam ich auf die Idee, mich im Kaufhaus N. Israel vorzustellen. Vielleicht würde ich als Lageristin auch im Einzelhandel angenommen werden. Ich wurde vom Personalchef empfangen. Er sagte mir, dass ich Glück hätte, gerade fehle in der Babywäsche-Abteilung eine Verkäuferin. So fing ich dort an. Wir waren in der Abteilung ein nettes Team. Ich war die einzige Nichtarierin, sie waren aber alle freundlich zu mir. Wenn die beiden jungen Chefs durchs Haus gingen, grüßte nur noch das jüdische Personal, das arische drehte sich sofort um.

Sehr beeindruckend fand ich die sozialen Einrichtungen der Chefs. In der Mittagszeit, die fast immer zwei Stunden dauerte, konnte man in einen Club gehen. Es gab dort einen Leseraum mit Bibliothek und Clubsesseln, ein Musikzimmer mit Radio, Klavier und anderen Instrumenten, ein Schreibzimmer mit Schreibutensilien, ein Esszimmer, wo man sehr billig zu Mittag essen konnte, einen Schlafraum mit Kabinen und Decken, wo eine Frau an der Tür des Zimmers saß und aufschrieb, wann man geweckt werden wollte. Ich fand das großartig und freute mich immer auf die Mittagszeit. Von den beiden jüdischen Chefs war der eine Engländer, der beschlossen hatte, noch auszuharren, und der andere Deutscher, der bald nach England ging.

Nachdem ich über eineinhalb Jahre im Kaufhaus Israel war, ließ der Chef jeden einzelnen des jüdischen Personals zu sich kommen. Er sagte mir, dass er beabsichtige, das Haus aufzugeben. Er würde nach England gehen, wo er noch ein Kaufhaus hätte. Wenn ich wollte, würde er mich mitnehmen, für Arbeit und Unterkunft wäre gesorgt. Das war sehr verlockend für mich, und ich fragte ihn zaghaft, ob ich meine Mutter und Großmutter mitnehmen könne? Es täte ihm leid, sagte er, das wäre nicht möglich. „Dann muss ich hierbleiben." – „Ja, was wollen Sie hier tun?" Ich kam wieder auf das Jüdische Krankenhaus zu sprechen. In meiner Gegenwart rief er dort bei der Oberin an und machte einen Termin für mich aus. Danach sollte ich wieder zu ihm kommen.

Die Untersuchung im Jüdischen Krankenhaus war diesmal gut ausgefallen, und die Oberin wollte mich als Lernschwester einstellen. Das berichtete ich nun meinem Chef. Er fragte nach unseren wirtschaftlichen Verhältnissen. Ich erzählte ihm, dass ich den größten Teil meines Gehaltes zu Hause abgegeben hätte. „Gut", meinte er, „dann trage ich für die gesamte Ausbildungszeit die Miete und hier haben Sie noch einen Scheck über 100 Mark (das war damals viel Geld), und kaufen Sie im Hause, was Sie für Ihre Aussteuer noch brauchen." Ich war sprachlos. Als ich danken wollte, mit Tränen in den Augen, hatte er schon den Knopf gedrückt und wollte den nächsten jüdischen Angestellten sprechen.

Bevor ich am 1. Oktober 1938 eintreten konnte, sollte ich mich noch einmal bei der Oberin vorstellen, um Näheres mit ihr zu besprechen. Außerdem bekam man von ihr den Schwesternnamen. Wenn nämlich der Vorname der Anwärterin in allen Variationen schon da war, bekam man einen anderen Namen mit dem gleichen Anfangsbuchstaben. Da es bereits eine Hilde, Hildegard und Hilda gab, bestimmte sie zu meinem Leidwesen „Herta". Den Namen konnte ich gar nicht leiden, weil er so nach „Härte" klang. Dann bekam ich noch einen Termin für die Schneiderin, wo mein Maß genommen wurde für drei blaue Kleider, drei weiße Schwesternschürzen und Schülerinnenhauben. Als ich eine Woche später zu der Schneiderin kam, fragte sie mich, was mir denn die Oberin für einen Namen gegeben hätte, Frau Oberin wäre gerade in Urlaub. Ich sagte, dass ich es gar nicht mehr recht wüsste, es wäre etwas mir „Her". „Ach", sagte die freundliche Schneiderin, „sicher Herma". „Ja", rief ich strahlend, „es war Herma." Als wir uns später alle in der Tracht bei der Oberin vorstellten und den Namen sagen mussten, rief die Oberin sofort: „Das kann nicht stimmen, es war Herta. Da aber alles schon auf Herma gezeichnet ist und wir keine Herma mehr haben, soll es dabei bleiben." Da war ich aber froh.

Am 1. Oktober 1938 traten wir nun 16 Lernschwestern im Jüdischen Krankenhaus ein. Es hatte viel Ähnlichkeit mit einem Nonnenkloster. Wir mussten alle im Schwesternheim schlafen. Die Schülerinnen schliefen in einem Vierbettzimmer, die Vollschwestern in einem Zweibettzimmer, die Oberschwestern hatten ein Einzelzimmer. Männerbesuch war strengstens verboten. Familienangehörige führte man ins Besuchszimmer. Der Ausgang am freien Tag war für Schülerinnen bis 22, für Schwestern bis 23 Uhr. Die Schülerinnen mussten früh um 6:30 Uhr am Kaffeetisch sein, um mit der Oberin, die vorher genau die Kleidung der Lernschwestern inspizierte, zu frühstücken. Der Dienst begann um 7 Uhr auf der Station und endete mit 1 ½ Stunden Freizeit mal um 19, mal um 20 Uhr, es konnte auch einmal 22 Uhr werden. Unsere Hauptaufgabe war das Putzen auf der Station. Einmal wurde ich nachts um 3 Uhr vom Pförtner geweckt. Ich sollte sofort auf die Station kommen, es war die Hals-Nasen-Ohren-Station. Als ich aufgeregt ankam, stand die Oberschwester, die auf der Station ihr Zimmer hatte, wie ein Racheengel da. Sie wies mit dem Finger auf die Badewanne: „Sie haben gestern die Badewanne nicht gescheuert, das holen Sie jetzt nach!" So sollte man einmal heute mit Lernschwestern umgehen!

Als Lernschwester im Jüdischen Krankenhaus

Ohne Haube durfte man uns im Krankenhausgelände nicht erblicken. Der kurioseste Anblick war die Oberin im Nachthemd mit Haube, wenn sie abends um 22 oder 23 Uhr im Schwesternheim aus ihrem Zimmer eilte, um zu spät gekommene Schwestern zu erwischen. Das kostete dann oft den nächsten freien Tag.

Ansonsten hatten wir auch viel Spaß. Im Parterre des Schwesternheims stand die Marmorbüste von Geheimrat Professor Israel Lose auf einem schwarzen Holzsockel.

Er war sehr häufig von seinem Sockel verschwunden. Kam man von dem freien Tag nach Hause und wollte sich nichtsahnend ins Bett legen, fühlte man plötzlich etwas Eiskaltes an den Füßen. Man schrie, schlug die Bettdecke zurück und entdeckte Herrn Geheimrat im Bett. Manchmal gab es großes Geschrei auf dem Korridor. Schwestern und Lernschwestern schrien: „Ein Mann, ein Mann!" Meistens war es ein Handwerker, der etwas im Heim reparieren musste.

Abends klopfte es öfters an die Tür, und herein sauste völlig nackt unser Enfant terrible, eine Kollegin. Entweder war es ihr auf ihrem Zimmer zu langweilig oder sie wollte sich nur etwas borgen. In ihrer Freizeit ging sie grundsätzlich nackt in ihrem Zimmer herum.

Die Freitagabende waren auch ein Kapitel für sich. Völlig frisch angezogen gingen die Schwestern und Lernschwestern zur Oberin, die an der Spitze der Tafel saß, und wünschten ihr mit Knicks „Gut Schabbes". Sie beobachtete jeden und hatte ein gutes Gedächtnis. So merkte sie sich bei den 150 Schwestern, wer fehlte. Im Saal standen die Tische in Hufeisenform. Unser Enfant terrible hatte einen Freund, den sie später auch heiratete; mit dem wollte sie lieber die zwei Stunden verbringen, als in dem großen Saal beten und zu Abend essen. Wir Kolleginnen am Tisch, das Küchen- und Servierpersonal waren eingeweiht. Die Tür zur Küche blieb einen Spalt offen. Wenn das Beten begann, wurde dieses Enfant terrible auf ihrem Stuhl immer kleiner, bis sie unter dem Tisch verschwand, dann kroch sie auf allen vieren zur Tür, öffnete den Spalt und entwischte. Natürlich mussten wir uns sehr beherrschen, dass wir nicht losprusteten.

Hatte man als Lernschwester schon den Oberkurs erreicht, dann wurde man bereits von der Oberin und den

Oberschwestern für voll genommen, doch bis dahin war es ein dorniger Weg.

Als ich Schülerin auf der Inneren Abteilung war, verwunderte mich anfangs sehr, dass dienstags und freitags so eine Hektik ausbrach. Es handelte sich um die Chefarzt-Visite. Wir mussten dafür sorgen, dass alles blitzte. Die Nachttische mussten oben alle abgeräumt sein, und die Patienten lagen wie Soldaten in ihren Betten. Dann kam der „Göttliche", Geheimrat Professor Strauß, nach dem die „Strauß'sche Kanüle" benannt worden ist. Hinter ihm folgte ein großer Schwanz von Ärzten, Medizinalassistenten, Oberschwestern, Schwestern. Ein bis zwei Schülerinnen durften auch dabei sein. Herr Geheimrat mit offenem weißem Mantel, weißem Bart, die Hände auf dem Rücken, schaute nach oben und sagte schneidend: „Oberschwester, dort oben hängt eine Spinnwebe." Für die Station war das furchtbar. Hinterher wurde darüber diskutiert, wer dafür verantwortlich wäre, das Reinigungspersonal oder die Schülerinnen. Da die Schülerinnen auch die Waschbecken, Nachttische, Betten und Fenstersimse scheuern mussten, waren sie praktisch auch Reinigungsfrauen.

Im letzten Jahr kam ich auch in den Operationssaal. Da dort die Ärzte und die Operationsschwestern während der Operation Mundtücher trugen, konnte ich als Außendienst akustisch nicht verstehen, was verlangt wurde. Daraufhin wurde ich viel angebrüllt. Ich ging zur Oberin und bat sie, mich aus dem OP zu nehmen. Wieder kam ich auf die Hals-Nasen-Ohren-Station. Dort wurde mir regelmäßig schlecht, wenn Kindern im Chloräthyl-Rausch die Trommelfelle durchstoßen oder Polypen entfernt wurden. Obwohl sie nichts spürten, schrien sie jämmerlich. Mein Mitleid war so groß, dass mir regelmäßig übel wurde. Einmal bin ich sogar umgefallen. Die sehr liebe Chefärztin hat mich aber bald an die Situation gewöhnt. Während der Operation sollte ich an der Tür stehenbleiben, sobald mir kollapsig wurde, sollte ich gleich hinausgehen. Das hat geholfen. Später habe ich selbst dabei die Instrumente gereicht.

Diskriminierung, Krankheit, Deportation

Das Krankenhaus wurde nach und nach ein Gestapo-Gefängnis. Die Stationstüren waren verschlossen, und wir Schwestern trugen die Klinke in der Tasche. Entwischte doch einmal ein Patient, dann mussten zwei oder drei des Krankenhauspersonals dafür in den Transport. Es gingen jetzt laufend Judentransporte gen Osten. Die Lage verschärfte sich immer mehr.

Meine Mutter wurde zur Zwangsarbeit bei der Firma Krone, Frankfurter Allee, verpflichtet. Sie musste schon morgens um 6 Uhr anfangen und hatte erst um 17 Uhr Feierabend, mit zwanzig Minuten Essenspause. Die jüdischen Arbeiterinnen mussten an einer Stanzmaschine eine bestimmte Menge Hülsen für die Wehrmacht herstellen. Das Soll musste erfüllt werden; schaffte man es nicht, dann war man im Transport.

Plötzlich wurde ich schwer krank. Ich hatte schwere Gleichgewichtsstörungen und ganz hohes Fieber. Als Außendienst im Operationssaal fiel ich plötzlich um und wurde auf die Hals-Nasen-Ohren-Station gebracht. Die Chefärztin machte sofort eine Meißelung hinter dem Ohr. Die Oberin hatte mir ein Einzelzimmer gegeben und eine Tag- und Nachtschwester. Es ging mir bald besser, und die Wunde heilte zu. Danach hatte ich denselben Zustand wie vorher. Die Chefin hob das Wundgebiet wieder heraus und legte viel Tamponade ein. Prompt ging es mir wieder besser. Die Schmerzen waren aber so groß, dass ich nur an Selbstmord dachte. Aus diesem Grunde ließ man mich keine Minute allein.

Meine arme Mutter war todunglücklich. Inzwischen war es für Juden verboten, öffentliche Verkehrsmittel zu benutzen. So lief meine gute Mutter täglich von der Arbeit in der Frankfurter Allee bis zum Wedding, Iranische Straße, um mich zu besuchen.

Auf der Station tat man alles, um mich gut zu pflegen. Ein Arzt, der eine arische Frau hatte, brachte mir manchmal etwas Gutes mit, da die Frau bessere Lebensmittelkarten hatte. Meine Mutter war arm und hatte nichts, was sie der Oberschwester und meinen Privatschwestern schenken konnte. So bot sie sich an, deren Strümpfe zu stopfen. Die halbe Nacht saß sie nun auf, um Strümpfe zu reparieren. Damals habe ich das alles gar nicht so mitbekommen. Erst später dachte ich darüber nach.

Die Wunde hatte sich wieder geschlossen, und ich bekam wieder hohes Fieber und Gleichgewichtsstörungen. Jetzt wusste die Chefin nicht mehr weiter. Es wurden Hirnchirurgen angeschrieben. Die meisten davon waren im Feld. Ein Chirurg schrieb zurück, dass er niemals eine Jüdin operieren würde. Nun zog die Chefärztin einen Hirndiagnostiker zu Rate. Den kannte ich schon von meiner Schwesterntätigkeit und mochte ihn nicht leiden, denn der Herr Professor sagte laut im Operationssaal: „Schwester, das Gehirn gehört mir!"

Als ich hörte, dass dieser Professor zu mir kommen sollte, schrieb ich krakelig auf einen Zettel, dass er nach meinem Tode mein Gehirn nicht bekommen sollte. Gleich bei der ersten Visite habe ich ihm das ins Gesicht gesagt, zum Entsetzen aller Ärzte, die herumstanden. Ironie des Schicksals: Er war später im selben Abteil mit meiner Mutter im Transport nach dem Osten. Damals stellte er sofort die richtige Diagnose: Kleinhirntumor. Man entschloss sich zur Operation, die Hals-Nasen-Ohren-Ärztin wollte es wagen. Unter Anleitung

41

des Professors hat sie hervorragend operiert. Nach 1945 sagte Professor Dr. Stender aus dem Westendkrankenhaus Berlin zu mir: „Hut ab vor dieser Ärztin. Ich hätte es nicht besser machen können." Die Nazis haben diese tüchtige Ärztin auch ermordet, als man sie als Untergetauchte schnappte. Bei der großen Operation fand man im Kleinhirn eine Zyste mit neunzig Kubik Flüssigkeit. Ich war kaum ansprechbar. Außerdem stand ich fast nur unter Morphium, so dass ich gar nicht wahrnahm, was um mich herum passierte.

Als ich einmal zu mir kam, saß meine gute Mutter an meinem Bett, und ich flüsterte: „Du hast ja einen ganz schmutzigen Mantel an und einen verbeulten Hut auf." Später erzählte sie mir, dass sie von der Nachbarin Kalbsknochen geschenkt bekommen und für mich eine Brühe daraus gekocht hätte. Da es sehr kalt war und Glatteis gab, wäre sie unterwegs mit ihrem Töpfchen gestürzt. Strahlend erzählte sie mir, dass sie die Brühe hochgehalten und gerettet hätte. Da liefen mir die Tränen vor Scham und Rührung herunter, und ich schwor mir, dass ich, wenn diese schreckliche Zeit einmal vorbei wäre, ihr alles vergelten wollte.

Ich erholte mich langsam, war aber sehr schwach und wurde noch auf die Innere Abteilung verlegt. Inzwischen hatte mein Kursus schon das Examen gemacht, und ich hatte viel Zeit zum Nachdenken. Vielleicht könnte ich das Examen sogar noch nachmachen, dachte ich. Ich schrieb an das Gesundheitsamt, und was ich nicht zu hoffen gewagt hatte, man war bereit, mich mit den Lernschwestern des Virchow-Krankenhauses zusammen zu prüfen.

Fast alle Ärzte und Oberschwestern unseres Krankenhauses liefen gegen diese Entscheidung Sturm. Sie hatten vielerlei Gründe. Erstens: ich wäre zu schwach; zweitens: ich hätte fast acht Monate die Kurse versäumt; drittens: da die Nazis an der Macht waren, würde ich auf jeden Fall durchfallen. Es fanden sich nur der Oberarzt der Inneren Abteilung und der Oberarzt der Frauenstation bereit, mich zu unterrichten.

Im März gab es schon warme Tage, und so saß ich oft mit einem der beiden Ärzte im Krankenhausgarten auf einer Bank und lernte. Am 18. März 1942 sollte das Examen stattfinden, und ich musste mich vorher bei der Oberin des Virchow-Krankenhauses vorstellen. Eine Schwester kam und führte mich in das Zimmer der Oberin. Sie saß hinter einem großen Schreibtisch und bot mir keinen Platz an. Ganz süffisant sagte sie: „Und Sie bilden sich ein, dass Sie mit meinen Schwestern zusammen das Examen machen können! Mit meinen Schwestern! Da muss ein Irrtum vom Gesundheitsamt vorliegen. Ich werde gleich anrufen. Warten Sie draußen auf Bescheid." Sehr geknickt und weinend saß ich draußen. Nach einer Weile erschien wieder die Empfangsschwester. Sie teilte mir mit, dass der Prüfer sich bereit erklärt hätte, nach der Prüfung der Schwestern im Virchow-Krankenhaus allein für mich noch ins Jüdische Krankenhaus zu kommen. Die Schwester drückte mir die Hand und streichelte meine Wange. Das berührte mich tief, und ich hätte die Schwester küssen mögen.

Am Examenstag musste ich mich bei unserer Oberin vorstellen, um zu prüfen, ob ich auch tadellos aussähe. Sie machte mir Mut, denn nun hatte ich doch Angst vor meiner eigenen Courage. Zur theoretischen Prüfung wurde ich hereingeführt. Mir wurde ganz schwindlig. An einem großen Tisch saßen der Prüfungsleiter vom Gesundheitsamt, dem ich vorgestellt wurde und der mir kurz zunickte, dann Professor Geheimrat Strauß, Innere Medizin; der Oberarzt der Chirurgie, Dr. Fischer; der Oberarzt der Gynäkologie; die Hals-Nasen-Ohren-Chefärztin, Dr. Loevy; der Chefarzt der Kinderheilkunde, Dr. Rosenberg, und die Oberin. Ein einzelner Stuhl stand davor, auf den ich mich zögernd niederließ. Ob die Ärzte nun alle extra leichte Fragen gestellt haben? Ich konnte fast alle korrekt beantworten. Der Prüfungsleiter stellte keine Zwischenfragen. Ich hatte den Eindruck von einem wohlwollenden Mann, der kein Nazi war.

Nun kam der praktische Teil. In einem angrenzenden Zimmer lagen viele Instrumente auf einem Tisch. Der Oberarzt hob eine Zange auf und fragte mich, wofür man diese brauche. Ich antwortete: „Um scharfe Sachen anzufassen!" Der Prüfungsleiter unterhielt sich gerade mit der Oberin. Da flüsterte der Oberarzt, Dr. Fischer, leise: „Du bist auch so 'ne scharfe Sache! Sei froh, dass der Prüfer mit der Alten quasselt und dass er das nicht gehört hat." Ich musste lachen und fühlte mich gleich entspannter. Dann musste ich hinausgehen. Draußen stand mein Freund Dr. W., der wie ich sehr aufgeregt war. Nach ca. 15 Minuten, die mir wie Stunden vorkamen, wurde ich aufgefordert, wieder hereinzukommen. Das ganze Gremium stand auf und verkündete mir, dass ich das Schwesternexamen mit „sehr gut" bestanden hätte. Alle gratulierten mir. Ich weinte und konnte mein Glück gar nicht fassen. Danach schickte ich meiner Mutter und Großmutter ein Telegramm: Eben Examen bestanden. Die Freude zu Hause war sehr groß. Bald darauf bekam ich vom Gesundheitsamt eine Urkunde, in der einschränkend vermerkt war, dass ich nur jüdische Patienten pflegen dürfe.

Kurz darauf wurde ich gesundgeschrieben. Da sprach die Oberin sehr freundlich mit mir. Sie meinte, dass ich nach der Krankheit zunächst nicht mehr fähig wäre, Stationsdienst zu machen.

Daher würde sie mir vorschlagen, als freie Schwester für Privatpatienten zu arbeiten. Das Krankenhaus könnte mir ständig Patienten, die frisch operiert waren, oder schwerkranke andere vermitteln. Natürlich wurde ich aus dem Verein für jüdische Krankenpflegerinnen und aus dem Schwesternheim abgemeldet. Die Oberin ließ aber in dem Zweibettzimmer mein Bett nicht belegen, so dass ich, wann ich Lust hatte, im Schwesternheim übernachten konnte.

Inzwischen hatte das Jüdische Krankenhaus noch eine Abteilung für Psychiatrie bekommen, da Juden in den städtischen Anstalten für Geisteskranke nicht mehr geduldet wurden. Auf der Abteilung waren die Fenster vergittert, und alles war besonders gut verschlossen. Ich hatte dort bei einem älteren Mann, der sehr unruhig war, Nachtwache. Abends bekam er immer eine Spritze und schlief fast bis um Morgen durch. Ich half dann den beiden Stationsnachtwachen. Das war sehr beeindruckend für mich. Zu einer bestimmten Stunde nachts wurde die Tür vom großen Saal aufgeschlossen, dahinter standen schon die Patienten in Erwartung. Sie wurden gezählt und konnten auf die Toilette gehen. Genauso wurden sie gezählt, wenn sie wieder zurückkamen, und die Tür wurde wieder fest verschlossen. Ein gutaussehender junger Patient half morgens Kaffee und Brot verteilen. Plötzlich rief er: „Sperrt mich schnell ein!" Sofort wurde er in ein leeres Zimmer gebracht. Zehn Minuten später hörte man ihn toben. Er zerstörte alles, was er erreichen konnte, und riss sogar die Steckdosen aus der

Wand. Durch ein Guckloch in der Tür konnte man ihn beobachten. Das war aber gefährlich. Einmal durchstieß er das Guckloch mit dem Finger, der sofort blutete, und der Pfleger hatte einen Splitter im Auge, der mühsam herausoperiert werden musste. Frappierend war, dass der Patient dann später an die Tür klopfte und erklärte, es ginge ihm wieder gut. Die Tür wurde geöffnet, und ein freundlicher junger Mann kam heraus. Das passierte einige Male.

Eines Tages wurden alle Patienten der Psychiatrie abgeholt und als „unwertes Leben" in den Tod geführt.

Ich schlief abwechselnd im Schwesternheim und zu Hause. Dr. W. hatte Beziehungen zu einem SS-Mann, der ihm immer schon voraussagte, was die SS plante. Daher wusste Dr. W. schon vorher von den Transporten, die entweder nach Theresienstadt oder in den Osten gehen sollten. Theresienstadt war angeblich ein Lager für Bevorzugte, vor allen Dingen für Mischlinge oder arisch Versippte. Das war natürlich eine Täuschung, wie ich später erfahren musste.

Eines Tages kam Dr. W. zu mir auf die Privatstation und verriet mir, dass die Großmutter auf der Liste nach dem Osten stehe und zwei Tage später abgeholt werden sollte. Er hätte schon mit einem Arzt, der die Patienten auf Transportfähigkeit untersuchen musste, gesprochen. Der hatte sich bereit erklärt, für die dreiundachtzigjährige Großmutter ein Attest auszustellen. Der Krankentransportwagen sollte am nächsten Tag kommen, um sie abzuholen. Die liebe Großmutter ließ alles in der Hoffnung über sich ergehen, bald wieder zurückzukehren. Sie kam ins Jüdische Krankenhaus auf die Siechenabteilung. Meine Mutter weinte sehr, als sie die Wohnung leer vorfand.

Ich besuchte die Großmutter jeden Tag, und das war ein Trost für uns alle.

Eine Woche später, als ich wieder einmal zu Hause schlief, hatte meine arme Mutter verschlafen. Sie zitterte vor Angst und Aufregung. Es war schon 5:30 Uhr, und um 6 Uhr begann ihr Dienst. Ich stand sofort auf, half ihr beim Anziehen, machte ihr ein Margarinebrot zum Mitnehmen. Wir umarmten uns, und sie stürzte „ungefrühstückt" aus dem Haus. Ich fuhr ins Krankenhaus, da ich Tagdienst bei einem Patienten auf der Privatstation hatte. Gegen 10 Uhr vormittags wurde ich am Telefon verlangt. Nichtsahnend nahm ich den Hörer zur Hand. Meine Mutter war am Apparat. Noch heute, nach vierzig Jahren, habe ich ihre Worte im Ohr: „Mein Kind, bekomme keinen Schrecken, ich bin eben abgeholt worden. Der nette Polizeibeamte auf dem Revier ließ mich noch einmal mit dir telefonieren. Es soll zu einem Arbeitseinsatz gehen. Du weißt, dass ich mich vor keiner Arbeit scheue und dass ich den Kopf nicht hängen lasse. Tu es auch nicht. Hol noch alles von meinem Lebensmittelkarten ab und iss tüchtig. Wir werden uns bald in Freude wiedersehen. Jetzt komme ich in das Lager Levetzowstraße. Auf Wiedersehen, mein Liebling!"

Vor Schreck und Angst stammelte ich nur unzusammenhängende Worte. Es waren die letzten Worte, die ich von meiner geliebten Mutter, Freundin und Schwester gehört habe. Damals löste ich mich langsam aus der Erstarrung. Sofort suchte ich Dr. W. auf, der mit seinem Mittelsmann sprach. Er wusste, dass der Transport aus der Levetzowstraße nach Riga gehen sollte. Er wollte versuchen, meine Mutter noch nach Theresienstadt umzuleiten, was ihm nicht gelang.

Völlig verzweifelt lief ich zu der Firma Krone, wo meine Mutter gearbeitet hatte. Dort erwirkte ich eine Bescheinigung, dass meine Mutter dringend in der Firma gebraucht würde. Mit dem Schein lief ich zur Levetzowstraße und drang bis zur SS vor. Ein SS-Scherge sah sich höhnisch lachend den Schein an und sagte: „Eigentlich könnten Sie gleich mit in den Transport kommen." Dann zerrte er mich zum Portal und stieß mich die Steinstufen hinunter. Ich blieb auf dem Pflaster schluchzend liegen. Die Passanten gingen gleich auf die andere Straßenseite, weil sie mir ja nicht helfen durften. Mit aufgeschlagenen Ellenbogen und Knien schleppte ich mich ins Schwesternheim. Unterwegs war es schrecklich für mich, dass die Sonne schien und die Menschen um mich herum nichts von meinem Unglück wussten und manche sogar lachten.

Dr. W. versuchte mich zu trösten. Doch mein Schmerz war so groß, dass mich keine Worte erreichen konnten. Durch eine Schwester, die in der Levetzowstraße Dienst machen musste, ließ mich meine Mutter grüßen und bitten, nicht traurig zu sein, denn sie würde mit jeder Situation fertig, außerdem wäre sie nicht allein. Bei einer Kolonne von Zuchthäuslern, die hereingeführt worden waren, hätte sie ihren angeheirateten Cousin Leo erkannt, und sie hätten sich zugenickt. Nun würde sie doch nicht allein sein, und in dem Lager, wo sie hinkämen, hätte sie einen Halt. Leo Fabian wurde in Riga mit den anderen Zuchthäuslern gleich erschossen. Die Zuchthausstrafe hatte er bekommen, weil er angeblich hinter einem arischen Mädchen her gepfiffen hatte.

Auch der nächste Tag war sehr schwer für mich. Ich musste es der Großmutter sagen, denn sie wartete auf den Besuch ihrer Tochter. Nachdem sie angezogen im Sessel saß, erklärte ich ihr, dass man die Mama zur Arbeit nach auswärts abgeholt hätte. Da wurde sie ganz weiß und glitt vom Sessel auf den Boden. Mit Hilfe einer Schwester brachten wir sie ins Bett, und sie bekam eine Beruhigungsspritze. Nachdem sie fest eingeschlafen war, verließ ich sie. Nun zermarterte ich mir den Kopf, wie ich der Großmutter helfen konnte. Da kam mir eine Idee. Ich schrieb einen Brief, und am nächsten Vormittag ging ich zur Großmutter und erzählte, dass die Mama schon geschrieben hätte. Ich las ihr vor, dass sie in ein sauberes Lager gekommen wäre, sie zu viert in einem Zimmer wohnten und von acht bis siebzehn Uhr in einer Fabrik arbeiten müssten.

Die letzten Zeilen meiner Mutter an mich (Transport in den Tod):

Schwester Herma Pohlmann
Berlin 65
Iranischestr. 4

Schneidemühl, 27. 9. 42

Mein geliebtes Hildchen! Schreibe dir gleich von unterwegs aus dem Zug. Habe sehr nette Reisebegleitung, unter anderm Schwester Rega mit ihrem Jungen. Dieselbe ist rührend zu mir, wir halten auch weiterhin zusammen. Professor Simons ist auch in unserer Mitte. Dieser ist ein richtig wie man sagt zerstreuter Professor. Wir nehmen den Kampf mutig auf. Verzage nicht, wie ich es auch nicht tun werde. Habe soviel liebe Menschen um mich, die alle noch viel bessere Tage gesehen haben wie ich. Wir sehen uns hoffentlich recht bald wieder. Hannichen war so rührend zu mir, das werde ich ihr nie vergessen – Grüße u. küsse die Oma recht herzlich von mir, sie soll sich nicht grämen, wir erzählen uns alles noch einmal in Berlin. Wir fahren sicher nach Riga. Dort soll es noch einigermaßen sein. Wie es kommt wird's genommen. Mein Liebling esse und trinke tüchtig, damit du auch deine Kraft behältst, lasse dich nicht verfallen. Grüße bitte Traudchen und Mutter recht herzlich von mir und alle, die nach mir fragen. Die Hauptsache, mein Liebling, bleib du mir erhalten. Habe noch von der Firma für 2 Wochen Geld zu bekommen. Ich will schließen, damit die Karte noch schnell mitkommt. – So mein Lieb. Alles, alles Gute, viele herzliche Grüße und Küsse.

Deine Mama viele Grüße an Hannichen

*Gruß Rega
an Hella Grüße*

Das Essen sei verhältnismäßig gut, die Oma möge sich nicht sorgen, sie würden sich bald wiedersehen. Die Großmutter weinte vor Freude und bat, dass ich sie nachmittags zu einem Spaziergang abholen sollte. Mit schwerem Herzen tat ich das, und wir gingen im Krankenhausgarten spazieren. Wir setzten uns auf eine Bank. Sie fragte, ob ich den Brief bei mir hätte. Als ich bejahte, sagte sie: „Lies ihn mir doch noch einmal langsam vor." Mit fast zugeschnürter Kehle las ich ihn ihr vor. Sie war zufrieden.

Abends fuhr ich in die Schwedterstraße. Das Leid drückte mich dort fast zu Boden. Ich sah die noch nicht abgewaschene Tasse von morgens, ich sah die Hausschuhe, ich sah den offenen Kleiderschrank, ich sah das Bett meiner lieben Mutter. Abends schlief ich wieder im Schwesternheim. Nachts um vier Uhr wurde ich geweckt. Ich möchte sofort ins Hospital zu der Großmutter kommen. Als ich in ihr Zimmer kam, sah ich sofort, dass es zu Ende ging. Sie war blau, bekam keine Luft. Mit leiser Stimme sagte sie noch: „Gut, dass du da bist, mein Kind. Da habe ich zwei Töchter, und keine ist bei mir. Die eine ist in Tel Aviv, und die andere hat man mir jetzt weggenommen." Sie legte sich zurück. Dr. W. kam und gab ihr eine Spritze. Sie war bald in meinen Armen entschlafen. Ich bekam eine Sondergenehmigung für eine Straßenbahnfahrt nach Weißensee, wo auf dem dortigen Jüdischen Friedhof die Beerdigung stattfand. Wir waren vier Leidtragende: Dr. W., die Oberin, Tante Agnes, angeheiratete arische Cousine meiner Mutter, und ich. Drei Monate später habe ich dem lieben Gott gedankt, dass er die Großmutter rechtzeitig zu sich genommen hatte, denn alle invaliden und kranken Alten des Siechenheims wurden nachts auf Lastwagen geschmissen und abtransportiert.

Dr. W. hatte in Erfahrung gebracht, dass es gut wäre, wenn ich mir die Anerkennung als Mischling sichern könnte. Eine befreundete Kollegin von mir ging zu meinem Erzeuger, dessen Adresse ich inzwischen in Erfahrung gebracht hatte. Er wohnte in Berlin-Siemensstadt. Sie bat ihn um eine Bescheinigung, er möge die Vaterschaft bestätigen, damit würde er mir das Leben retten. Seine Worte waren: „Was ich vor sechsundzwanzig Jahren nicht getan habe, das tue ich auch heute nicht." An seiner Tür prangten das Hakenkreuz und das Symbol der NS-Frauenschaft. Immer hat er den Mantel nach dem Wind gehängt. Gleich nach dem Krieg wurde ihm wohl der Boden unter den Füßen zu heiß in Deutschland. Er ging nach Österreich, wo er wieder mit Orientteppichen handelte. Durch Zufall hatte ich nach dem Krieg bei einem Urlaub seine Adresse erfahren.

Mein Vater 1915

Ich besuchte ihn, gab mich als Kundin aus, um mir diesen Mann, den meine arme Mutter bis in den Tod geliebt hat, einmal anzusehen. Heimlich hinterließ ich ihm

einen langen Brief. Damals hatte er sich jedenfalls geweigert, für mich das lebensnotwendige Papier auszustellen.

Auf seine Weigerung hin nahm mir einen jüdischen Anwalt, die es damals noch für kurze Zeit gab. Er erwirkte, dass ich aufgrund des damaligen Gerichtsurteils als jüdischer Mischling anerkannt wurde. Außerdem ließ ich mir noch Bescheinigungen von meinen ehemaligen Lehrerinnen, Frl. Frömsdorf, Frl. Ippel und Frl. Krafft, geben, dass ich ständig am evangelischen Religionsunterricht teilgenommen hatte. Es gehörte Mut dazu, mir diese Bescheinigungen auszustellen.

Das Krankenhaus hatte sich vollständig in ein Gefängnis der Gestapo verwandelt. Der medizinische jüdische Leiter war Dr. Lustig, der später von den Russen erschossen wurde. Jede Woche betrat die SS mit schweren Stiefeln das Krankenhaus und bestimmte, wie viele Kranke, Ärzte, Schwestern, anderes Personal für den nächsten Transport bereitzustellen wären. Und Dr. Lustig und seine Geliebte suchten aus.

Ich war nun viel in der Schwedterstraße. Meist schlief ich dort und verbrachte auch meinen freien Tag in den mir vertrauten zwei Räumen. Ich sichtete Papiere und legte die Sachen der Mutter zusammen, damit sie bei der Rückkehr alles ordentlich vorfinden sollte. Eines Vormittags klingelte es Sturm. Der Politleiter, Herr Richter, der auch bei uns im Hinterhaus wohnte, stapfte mit seinen Söhnen in die Wohnung. Früher hatte meine Mutter ihnen allerlei Sachen, Spielzeug von mir geschenkt, und früher hing immer die rote Fahne aus ihrem Briefkasten. Herr Richter schrie mich an: „Judensau, wo ist dein Mietvertrag?" Ich hatte ihn bei der Wirtin auf meinen Namen umschreiben lassen. Er sah ihn sich an und meinte: „Dich kriegen wir hier schon raus." Dann rissen sie alle

Schubladen auf und schmissen die Papiere und allen Kram auf die Erde und verschwanden. Mir saß der Schreck in den Gliedern. Auf Anordnung des Herrn Richter wurde im Luftschutzkeller extra ein Verschlag für mich gebaut, damit ich mit den anderen nicht zusammensitzen sollte. Nur einmal saß ich darin. Ich bin dann nie mehr bei Alarm in den Keller gegangen. Krachte es zu sehr, schlich ich die Treppen hinunter bis zum Parterre. Sowie ich die Schritte des Brandschutzes hörte, ging ich wieder nach oben und machte die Tür leise zu.

Nachdem man überall als eine Aussätzige, als eine Laus betrachtet wurde, bekam man schon selbst Minderwertigkeitskomplexe. Scheu ging ich meist bei Dunkelheit an den Häuserwänden entlang, um mal Luft zu atmen. Die Lebensmitteleinkäufe machte ich nur in drei Läden, wo man mich kannte und mir immer diskret meine Lebensmittelkarte mit dem „J" abnahm. Wir bekamen nur die Grundnahrungsmittel und Grobgemüse.

Manchmal des Nachts klopfte es leise an meiner Wohnungstür, dann stand meine Nachbarin draußen. „Hildchen, ich war wieder in Polen, hier sind ein Schnitzel, etwas Kaffee, und ein Paar Eier für dich." Dafür gab ich ihr alle Sachen der Großmutter und teilweise auch alte Sachen der Mutter zum Mitnehmen nach Polen. Ich muss hinzufügen, dass das Nachbarehepaar zwar gutmütig, aber völlig verblendet war. Er war in der SA, sie in der NS-Frauenschaft, und die Tochter war im BdM. Trotzdem waren sie gute Geister für uns. Der politische Leiter Richter wollte uns schon lange Zeit, bevor meine Mutter wegkam, aus dem Hause haben. Er sagte zu unserem Nachbarn: „Du, als SA-Mann, hast es doch nicht nötig, mit Juden auf einem Treppenabsatz zu wohnen." Darauf soll Herr Jagdmann geantwortet haben: „Juden sind für mich

Luft; die sehe ich gar nicht. Meinetwegen soll die da wohnen bleiben." Das war unsere Rettung, die Wohnung zu
behalten. Die kleine Tochter Traudchen kam manchmal
zu mir und bat dringend um eine Bescheinigung, dass
sie der BdM-Zusammenkunft am Nachmittag fernblei-
ben müsse aus irgendwelchen erfundenen Gründen. Sie
tat mir leid, und ich gab sie ihr, ohne zu wissen, dass das
mein Todesurteil hätte sein können. Doch ich hatte immer einen Schutzengel. Frau Jagdmann kam mir manchmal völlig verrückt vor. Sie klopfte leise an meine Tür
und sagte mit pathetischer Stimme: „Hildchen, komm
mal 'rüber, der Führer spricht." Immer winkte ich ab,
weil ich dringend zur Arbeit müsse. Nach 1945 wandte
sich Herr Jagdmann an mich wegen einer Bescheinigung. Von Herzen habe ich sie ihm gegeben, und er
konnte seine Stellung als Polier behalten. Aber anderen
Nachbarn, mit denen wir vor Hitler befreundet waren,
habe ich nicht geholfen. Wenn sie uns nur hörten, ging
ihre Wohnungstür leise zu. Sie hatten Angst; man konnte es ihnen nicht verdenken, doch nach 1945 war noch
viel Hass in meinem Herzen.

Der SA-Mann Richter gab sich damals nicht zufrieden mit der Antwort von Herrn Jagdmann. Er meldete
bei der Gestapo die Unwahrheit, dass meine Mutter gesagt haben sollte, sie würde Blinkzeichen vom Dach bei
Alarm geben, wenn man ihre Mutter abholte. Die Frau
aus unserem Hause, zu der meine Mutter das gesagt haben sollte, wurde vorgeladen. Die Frau sagte aus, dass
man mit Juden nicht sprechen dürfe und dass sie kein
Wort mit meiner Mutter gewechselt hätte. Das Verfahren wurde niedergeschlagen. Später erfuhr ich, dass man
alle Juden auf Transportlisten nach dem Osten gesetzt
hatte, die ein Aktenzeichen bei der Gestapo hatten. Mei-

ne arme Mutter fiel auch darunter. Vielleicht wäre sie durch Dr. W. nach Theresienstadt gekommen, vielleicht hätte sie dann dort wegen ihres Krampfaderleidens in der Glimmerfabrik für Kriegszwecke gearbeitet, wäre dann geschützt gewesen und hätte noch dreißig Jahre leben können. Vielleicht! Die Gedanken schwirren wie Vögel, und sie finden in der Vergangenheit keinen Halt.

Im Mai 1943 bekam ich eine Vorladung, in die Rosenstraße zu kommen, das war eine Nebenstelle der Gestapo. Alle jüdischen Mischlinge mussten sich dort melden. Ein Gestapo-Mann mittleren Alters fragte mich über Verbindungen mit dem arischen Teil meiner Verwandtschaft aus. Ich sollte Belege bringen, aber das konnte ich nicht. Da sagte er zu mir: „Dann gebe ich Ihnen (er siezte mich sogar) den Rat, gehen Sie sofort zu Dr. Lustig. Er soll Sie wieder als reguläre Schwester im Jüdischen Krankenhaus einstellen. Die Wohnung müssen Sie dann aufgeben und im Schwesternheim wohnen. Dann sind Sie geschützt." Er lächelte mich sogar an bei seinen Worten. Ich ging nun zu Dr. Lustig. Der jüdische Krankenhausdirektor sagte ironisch: „Ja, wenn ich Sie will. Ich will Sie aber nicht." Damit hatte mein Glaubensbruder mein Schicksal besiegelt. Die Bitterkeit in meinem Herzen nahm immer mehr zu.

Ich machte weiterhin im Krankenhaus die Privatpflege. Meist ging ich abends in die Schwedterstraße. Der Weg dauerte etwa eine Stunde. Eines Abends hatte ich Fieber, und am anderen Tag war ich mit Pusteln übersät. Ich ging gleich ins Krankenhaus, und Dr. Rosenberg, der Chefarzt der Kinderabteilung, stellte Röteln fest. Er reservierte auf der Infektionsstation ein Bett für mich. Ich bekam ein Einzelzimmer, und Dr. W. besuchte mich jeden Tag. Zwischen uns hatte sich ein überaus inniges Verhältnis entwickelt. Ich wusste, dass er verheiratet war und eine Tochter hatte. Nie sprach er über seine Ehe. Von anderer Seite hörte ich, dass er in seiner Ehe sehr unglücklich wäre. Jedenfalls hatte ich Liebe kennengelernt, was in der damaligen Situation für eine junge Jüdin etwas Ungewöhnliches war.

Dr. W. 1941

Es ging mir besser, doch hatte ich laufend noch etwas Fieber. Am 17. Juni 1943 kam Dr. W. abends um 21 Uhr in mein Zimmer. Er nahm mich in den Arm und bat mich, jetzt ganz tapfer zu sein. Draußen stehe ein Lastwagen. Man würde mich jetzt in die Große Hamburger Straße fahren. Ich könnte morgen selbst in Begleitung von zwei Männern meinen gepackten Koffer, (der stand immer fertig da) von zu Hause holen. Ich käme nach Theresienstadt, und das wäre ja ein Bevorzugtenlager.

„Bestimmt sehen wir uns wieder", sagte er. Ich war ganz ruhig. Mich konnte nichts mehr erschüttern. Ein größeres Unglück, als dass meine Mutter deportiert worden war, konnte mich nicht mehr treffen.

Dr. W. brachte mich zum Lastwagen, auf dem schon viele Frauen, Männer und Kinder saßen. Ich kannte niemanden. Der Wagen fuhr zur Großen Hamburger Straße, wo man uns auslud. Dort nahm mich gleich ein Ordner (Pfleger) aus dem Jüdischen Krankenhaus in Empfang. Vom Krankenhaus aus hatte man ihn inzwischen benachrichtigt. Er führte mich in das sogenannte Besuchszimmer. Es war ein kahler Raum mit zwei Stühlen. Ich setzte mich auf einen und überdachte meine Lage.

Außer einem Cousin meiner Mutter und seiner arischen Ehefrau hatte ich keine Verwandten mehr in Berlin. Alle waren abgeholt worden. Sollte es sehr schlimm kommen, gäbe es sicher Gelegenheit, sich das Leben zu nehmen. Wie dumm, dass ich das nicht schon vorher gemacht hatte. Plötzlich wurde mir ganz heiß vor Scham. Wie konnte ich nur so denken? Wenn nun meine Mutter nach Berlin zurückkäme, und ich wäre nicht mehr am Leben? Ich musste ja durchhalten und nur an das Überleben denken. Hoffentlich nahm dieser grauenhafte Spuk bald ein Ende.

Mit einem Mal wurde die Tür aufgerissen, und ein großes hellblondes, schlankes Mädchen fiel mir um den Hals. „Kennst du mich denn nicht?" fragte sie weinend. Ich kannte sie nicht. Das hellblonde Mädel sagte: „Denk dir meine Haare dunkel, meine Augenbrauen voll, und ich bin deine ehemalige Kollegin, Schwester Lene." Ich bekam den Mund gar nicht mehr zu. Sie erzählte mir, dass sie mit ihrem Mann untergetaucht war. Mit falschen Pässen hätten sie in der Mark Brandenburg in verschiedenen Dörfern gewohnt und Gelegenheitsarbeiten gemacht. Eine Zimmervermieterin wurde skeptisch, weil sie nach der Arbeit nie ausgingen. Sie erzählte:

„Ich spürte das, und da hast du mich gerettet. Du hast mir doch einmal einen Aufsatz von dir zum Lesen gegeben. Der stammte aus der Frauenschule und hatte das Thema: »Die Krippe im Bethanienhaus«. Dein letzter Satz lautete: »Lasset die Kindlein zu mir kommen.« Diese Arbeit habe ich dir damals nicht wiedergegeben und nahm sie mit, als wir untertauchten. Ich ließ die beschriebenen Seiten auf dem Tisch liegen, als wir zur Arbeit gingen. Abends war die Wirtin wie umgewandelt, sie war wieder freundlich und unbefangen. Wir wechselten ständig die Dörfer, denn zu lange konnten wir an einem Ort nicht bleiben. Als wir gestern von der Arbeit kamen, erwarteten uns schon zwei Gestapo-Männer. Sie redeten uns sofort mit unserem richtigen Namen an. Wir bekamen mehrere Ohrfeigen, mussten die falschen Pässe herausrücken und wurden ins Dorfgefängnis gesteckt. Heute früh holte uns eine Kutsche mit zwei Pferden ab und brachte uns zu einem Lastwagen, der uns hierher fuhr. Wir sollen nach dem Osten kommen, da wird es sehr kalt sein. Wir durften nichts mitnehmen und haben keine warmen Sachen."

Ich versprach ihr für den nächsten Tag eine Strickjacke, einen Mantel und ein Paar Schuhe und auch eine Jacke für ihren Mann, denn ich durfte ja am nächsten Tag meinen Koffer holen.

Nun holte man uns aus dem Zimmer. In einem Büro nahm ich eine Urkunde in Empfang, die ich unterschreiben musste, und auf der stand, dass mein ganzes Vermögen und alle Werte vom Staat eingezogen würden, weil ich als Staatsfeind gelte. Da ich nicht viele Werte besaß, machte mir dieser Wisch nicht viel aus, doch der „Staatsfeind" ärgerte mich sehr. Nun kam ich in einen großen Saal, in dem es sehr laut war, und bekam einen Strohsack zugewiesen. Viele unterhielten sich sehr erregt, einige weinten ganz laut. Das war, was auf uns noch zukommen sollte.

Vormittags fuhr ich dann mit zwei Männern in der Straßenbahn zur Wohnung in die Schwedterstraße. Es war mir nicht klar, ob die beiden Männer von der Polizei oder SS oder sogar Juden waren. Ich nahm meinen gepackten Koffer und fragte die beiden, ob ich noch etwas mitnehmen könne. Sie gaben ihre Zustimmung und so nahm ich die Sachen für Lene noch aus dem Schrank meiner Mutter und packte sie in eine Einkaufstasche. Dann verließen wir die Wohnung. Ich empfand keinen Schmerz, denn meine Mutter hatte ja auch schon diese Räume verlassen. Die Männer schlossen ab und brachten über dem Türschloss ein Siegel an. Frau Jagdmann kam heraus, weinte und wünschte mir alles Gute. Bitter dachte ich, „alles Gute", wie mag das Gute wohl aussehen?

Der Osttransport ging mit Lene und ihrem Mann schon mittags ab. Nach 1945 traf ich Lene am Bahnhof Gesundbrunnen. Sie war nach Auschwitz gekommen, ihr Mann wurde vergast, und sie wurde für medizinische Versuche missbraucht. Sie war eine verhärmte, kranke Frau geworden.

Nachmittags kam Dr. W. zu mir. Er durfte mit mir in das Besuchszimmer gehen. Zärtlich nahm er mich in seine Arme und versprach mir, mich nie zu vergessen, dann riss er sich los und rannte hinaus. Da musste ich nach längerer Zeit zum ersten Mal wieder sehr weinen. Traurig lag ich auf meinem Strohsack, als mein Name aufgerufen wurde. Ein Ordner führte mich wieder in den

Besuchsraum. Da stand Frl. Krafft, meine geliebte Lehrerin. Sie zog mich an sich. Ich fragte sie: „Wie kommen Sie denn hierher?" Eine Schwester hätte sie angerufen, daraufhin hätte sie gleich meine Lieblingskekse gebacken und wäre hierhergefahren. Die SS wollte sie trotz „Heil Hitler" nicht durchlassen. Sie hätte aber gesagt, dass sie mich dringend sprechen müsse, weil mein arischer Vater krank geworden wäre. Das stimmte natürlich nicht, hatte aber Eindruck gemacht, und sie konnte mich noch besuchen. Sie gab mir ein Päckchen, als sie mich mit schwerem Herzen verließ. Darin waren die Kekse, die ich sofort verspeiste, Schokolade, ein Buch und ein liebes Briefchen.

Am nächsten Morgen mussten wir antreten, nachdem wir alle eine Registriernummer bekommen hatten. Malzkaffee und ein Brot mit einem süßlichen Aufstrich gab es, und dann mussten wir hundert Menschen mit unserem Gepäck zum Bahnhof laufen. Wir hatten immer von Viehwagen für Judentransporte gehört. Es stand aber ein reservierter Personenwagen der Eisenbahn dort. Drinnen war es sehr eng, doch wir konnten alle sitzen. Es war ein Bummelzug, wir waren vierzehn Stunden unterwegs. Die Abteile waren von außen plombiert, ab und zu ging man von Abteil zu Abteil. Ich traf drei Kolleginnen und einen Arzt, und wir beschlossen sofort, zusammenzubleiben.

Theresienstadt

Spät abends hielt der Zug auf freiem Feld, alles war taghell von Scheinwerfern beleuchtet. Wir blickten hinaus und sahen, dass SS-Männer mit Maschinenpistolen und Hunden draußen standen. Sie schrien: „Raus, ihr Judenschweine, raus!" Man prügelte uns, stieß uns in Baracken. Männer rechts, Frauen links. Dann schrie ein SS-Mann: „Alles Geld, Wertgegenstände, auch Trauringe, Tabakwaren, Messer usw. sind abzugeben", andernfalls würde ausgeprügelt werden. Bei jedem wurde das bisschen Hab und Gut kontrolliert. Ich sagte gar nichts. Eine ältere Frau durchsuchte meinen Koffer. Sie hatte das Küchenmesser, das ich in das Futter des Koffers gesteckt hatte, nicht gesehen. Später stellte es sich als großer Schatz dar. Einen silbernen Ring von Dr. W. gab ich ab.

Nun wusste ich, dass wir in einem KZ gelandet waren. Ein SS-Mann riss mich beiseite: „Los, los, ausziehen!" Ich war völlig geschockt, er schrie: „Los, los, ganz ausziehen"; weinend zog ich mich ganz nackend vor ihm aus. Ich musste mich vor ihm drehen. Er lachte höhnisch und ließ mich lange Zeit so stehen bis er befahl: „Ganz schnell wieder anziehen." Von meinen zwei Mänteln, die ich übereinander angezogen hatte, nahm er mir einen weg.

Draußen mussten wir alle antreten. Wegen des Ausziehens war ich bei den letzten. Die vor mir Marschierenden kamen in Baracken und Häuser, Frauen und Männer getrennt. Wir, die letzten, wurden auf Dachböden verteilt.

Ich kam auf den Dachboden L 206. Wir waren zwanzig Neuankömmlinge, und es lagerten dort mindestens hundert Menschen, die schon einige Wochen dort hausten. Da nicht mehr genug Strohsäcke vorhanden waren, mussten immer drei mit zwei Strohsäcken vorliebnehmen. Die Alteingesessenen hatten in die Pfosten und Balken überall Nägel hineingeschlagen, wo Sachen aller Art und Lebensmittel hingen, so dass es schrecklich aussah.

Ein älteres Ehepaar kam auf mich zu. Der Mann fragte schüchtern: „Kommen Sie mit auf unseren Strohsack? Ich muss mich nachts viel um meine Frau kümmern, sie leidet unter schwerer Bronchitis." Ich sagte sofort zu. Mir wurde ganz warm zumute. Ein Mensch kam freundlich auf mich zu, ein Mensch bat mich um etwas. Nach dem, was man vorher erlebt hatte, war das ein kleines helles Fünkchen in der Misere.

Alle Ankömmlinge richteten sich ein. Da gab es keinen Platz mehr zwischen den Strohsäcken. Es gab auch keine Abstellmöglichkeit für den Koffer. Unter dem Kopfteil des Strohsackes wurde der Koffer abgestellt, so dass man halb sitzend schlafen musste. Ein kleines verstaubtes Glühlämpchen beleuchtete die Szene. Lange nach Mitternacht wurde es ruhiger, wenn auch ständig gesprochen und über einen weggestiegen wurde. Ich war so todmüde, dass ich bald einschlief. Nach etwa zwei Stunden war ich wieder wach. Da saß die Frau neben mir mit einem Erstickungsanfall. Sie hustete schrecklich und zog mit einem pfeifenden Geräusch die Luft ein. Der Mann hatte sie im Arm und hielt ein Blechtöpfchen, in das sie ab und zu spie. Ich bot meine Hilfe an, doch der Mann gab mir mit Zeichen zu verstehen, dass da keine Hilfe mehr wäre. Sie hörte auf zu husten, und der Mann stellte das Töpfchen hinter unsere Köpfe.

Nun konnte ich nicht mehr schlafen und spürte ein entsetzliches Jucken am Körper. Als ich mich aufrichtete, sah ich auch andere sitzen. Sie befeuchteten immer wieder ihren Zeigefinger mit Speichel und ließen ihn auf etwas schnellen, dann knackten sie etwas mit den Fingern und schmissen es in eine Waschschüssel mit Wasser, die zwischen ihnen stand. Leise fragte ich, was sie denn täten. Sie sagten: „Flöhe knacken." Jetzt wusste ich auch, woher das Jucken kam. In der nächsten Nacht durfte ich auch die Waschschüssel benutzen. Da hatte ich in einer Stunde 105 Flöhe gezählt, ohne die, die weggehüpft waren. Eine schreckliche Plage! Wenn man mit Socken auf dem Dachboden lief, setzten sie sich sofort als mehrfacher Rand um den Sockenabschluss. Man war ihnen ausgeliefert.

Unten auf dem Hof wusch man sich an einer Pumpe. Mit der Zeit wurde man ganz ohne Scham, zog sich aus und wusch mit kaltem klarem Wasser alle Körperteile. Man musste versuchen, sich sauber zu halten.

Gleich am ersten Tag hatte man in der Magdeburger Kaserne die Essenkarten zu fassen, und man wurde dort registriert. Da das KZ Theresienstadt zuerst von tschechischen Juden belegt wurde, hatten sich dort österreichische Ausdrücke eingenistet. So „fasste man Essenkarten", so „ging man in seine Ubikation", d. h. Unterkunft, etc.

Wir standen in langer Schlange vor dem Zimmer, wo wir registriert werden sollten, und da traf ich auch mehrere Kolleginnen und einige Ärzte. Eine Kollegin sagte mir: „Melde dich nicht als Schwester. Es gibt hier so viele ansteckende Krankheiten, da bist du bald hin." Ich nahm mir das zu Herzen. Meine Registriernummer war: I-97 13486. Den Namen hatte man im Augenblick der

Registrierung abgelegt. Noch heute kann ich im Schlaf sofort meine Nummer hersagen.

In der kommenden Nacht starb die Frau neben mir. Der Mann weinte bitterlich. Ich habe gehört, dass er sich einige Wochen danach das Leben genommen haben soll.

Theresienstadt war eine alte Festung aus der Zeit Maria Theresias. Das Städtchen innerhalb der Wälle hatte vor der KZ-Zeit ca. 3.500 Einwohner[1]. Zur Zeit großer Belegung als KZ waren wir 50.000[2]. An den Stadtecken und am Hauptplatz lagen die Kasernen. Vom Dachboden aus konnte man in ein schönes friedliches Gebirgstal mit Ortschaften sehen. So oft dachte man dabei, wenn man doch einmal noch so ein glücklicher Mensch sein könnte wie die da unten. Das Lager bestand seit 1941.

Im KZ selbst sah man selten SS. Wir hatten eine sogenannte Selbstverwaltung, die so bürokratisch war, dass sie den Preußen Ehre gemacht hätte. Unsere SS-Peiniger befanden sich außerhalb, schon wegen der Ansteckungsgefahr, oder sie waren auf der kleinen Festung. Diese war ein ganz schlimmes Gefängnis der SS[3], und eine Insassin, die noch rechtzeitig befreit wurde, erzählte mir, dass sie Hinrichtungen beiwohnen musste, dass sie mit Riemen, die mit Nägeln gespickt waren, nackend geschlagen wurde und dass sie umschichtig eine Nacht in der Zelle und eine Nacht im Stehbunker verbringen musste.

Anmerkungen: Drei Angaben auf dieser Seite bedürfen der Korrektur. Seit 1984, als Hilde Bürger ihre Erinnerungen zu Papier brachte, hat die Forschung neue Erkenntnisse gewonnen. [1] Vor der KZ-Zeit hatte Theresienstadt einschließlich der dort stationierten Soldaten ca. 7.000 Einwohner. Nach der Besetzung des Landes durch deutsche Truppen am 15. März 1939 war die tschechische Armee aufgelöst worden, damit verschwanden die Soldaten aus Theresienstadt. [2] Die größte Belegung Theresienstadts betrug im Herbst 1942 rund 60.000 Häftlinge. [3] Die kleine Festung war kein SS- sondern ein Gestapo-Gefängnis.

Die Überlebendrn aus Theresienstadt

Wir sind in der Lage, eine Aufstellung über alle Deportationen von Berlin nach Theresienstadt und die Zahl der Überlebenden aus den einzelnen Transporten zu veröffentlichen. Die Endsumme der deportierten Personen differiert um etwa 300 mit den Angaben in Nr. 41 unserer Zeitschrift, da diese aus anderen Gebieten Deutschlands kamen. Die angegebenen Transportnummern sind nicht identisch mit den bei der Gestapo in Berlin geführten Transportnummern. Es handelt sich um die den Transporten in Theresienstadt gegebenen Nummern. Die Personenzahl der Transporte ist auf volle Summen abgerundet. Nicht berücksichtigt sind die Überlebenden aus anderen Konzentrationslagern, die aus Berlin nach Theresienstadt deportiert, von dort aber in andere Lager überwiesen wurden.

Transport-Nr.	Zahl der Deportierten	Über- lebende	Transport-Nr.	Zahl der Deportierten	Über- lebende	Transport-Nr.	Zahl der Depor- tierten	Über- lebende
I 1	100	—	I 43	100	5	I 85	100	5
I 2	50	—	I 44	100	3	I 86	100	14
I 3	100	14	I 45	100	1	I 87	100	18
I 4	50	2	I 46	1050	11	I 88	100	8
I 5	50	2	I 47	100	2	I 89	100	8
I 6	50	3	I 48	100	—	I 90	1350	166
I 7	50	—	I 49	50	6	I 91	100	12
I 8	50	1	I 50	100	3	I 92	80	7
I 9	50	5	I 51	100	7	I 93	100	10
I 10	50	1	I 52	100	—	I 94	100	17
I 11	50	—	I 53	100	4	I 95	350	31
I 12	50	4	I 54	100	2	I 96	420	67
I 13	50	—	I 55	100	1	X I 97	100	29
I 14	50	3	I 56	100	4	I 98	100	24
I 15	50	—	I 57	100	5	I 99	100	15
I 16	100	4	I 58	100	5	I 100	74	18
I 17	100	4	I 59	100	1	I 101	60	14
I 18	100	1	I 60	100	5	I 102	46	8
I 19	100	4	I 61	50	2	I 103	50	9
I 20	100	2	I 62	150	2	I 104	25	11
I 21	100	5	I 63	100	5	I 105	355	207
I 22	100	—	I 64	100	—	I 106	60	36
I 23	100	1	I 65	1000	44	I 107	100	67
I 24	100	2	I 66	100	6	I 108	70	29
I 25	100	—	I 67	100	5	I 109	50	18
I 26	100	5	I 68	100	7	I 110	56	26
I 27	100	1	I 69	100	5	I 111	34	12
I 28	100	1	I 70	100	4	I 112	50	20
I 29	100	2	I 71	1020	54	I 113	27	11
I 30	100	2	I 72	100	10	I 114	27	14
I 31	100	3	I 73	100	9	I 115	31	14
I 32	100	3	I 74	100	15	I 116	29	12
I 33	100	2	I 75	100	4	I 117	32	18
I 34	100	5	I 76	100	15	I 118	50	39
I 35	100	4	I 77	100	6	I 119	37	36
I 36	100	1	I 78	90	8	I 120	24	22
I 37	100	—	I 79	100	6	I 121	19	17
I 38	100	8	I 80	110	12	I 122	38	33
I 39	100	2	I 81	100	12	I 123	42	41
I 40	100	1	I 82	100	4			
I 41	100	2	I 83	100	15		15 136	1574
I 42	100	7	I 84	100	7			

X = mein Transport

Aus: „Der Weg" Nr. 43 vom 20.12.1946

55

Nun ging ich am ersten Tag mit meiner Essenkarte das Mittagessen fassen. Man stand in langer Reihe. Es gab Graupensuppe, die wie blaues Wasser, mit gallertartigen Stückchen darin, aussah. Sie widerte mich so an, dass ich sie aus meiner Konservenbüchse auf die Erde goss. Mit einem Mal lagen einige Menschen auf der Erde und schlürften wie Tiere die Suppe auf. Den Semmelkloß verzehrte ich selbst und wurde von allen Seiten dabei genau betrachtet, ob ich den Rest vielleicht auch auf die Erde werfen würde.

Ein alter Mann sagte zu mir: „Ja, ja, das machen hier alle Neuankömmlinge. Es dauert aber keinen Monat, dann liegen sie auch auf der Erde, um ausgegossene Suppe zu schlürfen." Ich nahm mir vor, das bei dem größten Hunger nicht zu tun. Aber kannte ich den richtigen Hunger? Ich sollte ihn schon am nächsten Tag kennenlernen. Wir bekamen schlechtes und nicht ausreichendes Essen, so dass man nur noch ans Essen dachte, vom Essen sprach und Halluzinationen vom Essen hatte.

Bei meiner Registrierung wurde ich zu einer Putzkolonne für eine Siechenstation eingeteilt. Das war eine schreckliche, harte Arbeit. Die alten kranken Leute lagen auf Holzpritschen mit Strohsack so dicht aneinander, dass nur noch die Hand dazwischen ging. Unter der Pritsche hatten sie ihre ganze Habe. Da stand auch die Büchse mit Urin und Stuhlgang, und daneben lagen das Brot, die zehn Gramm Margarine und die hundert Gramm Zucker Monatsration. Es stank fürchterlich in dem Raum, denn viele hatten ins Stroh gemacht. Das Ungeziefer wimmelte nur so; außer Flöhen, Wanzen und Läusen gab es natürlich auch Mäuse.

Wir bekamen Hosen und Blusen an, die wir überall zubinden konnten. Wenn man den Raum betrat, rief es von allen Seiten. Jeder wollte etwas von seinen Sachen haben, denn die Armen waren viel zu schwach, unter das Bett zu langen. Zunächst war ich von tiefem Mitleid erfüllt, doch später überhörte man die Hilferufe. Jeder dachte nur an das eigene Überleben.

Nach zehn Tagen hatte ich genug von dem Putzen unter den Pritschen und meldete mich in der Hamburger Kaserne, Abteilung Gesundheitswesen. Da ich Tracht mithatte, ging ich in Tracht dorthin und bat, mich als Schwester zu vermitteln. Ein sehr nettes Mädchen schickte mich zum Außendienst bei einem tschechischen jungen Arzt.

Wir waren eine Gruppe von drei Pflegern und drei Schwestern, die ihm unterstanden. Unsere Aufgabe war es, von früh bis abends, zirka zehn Stunden, mit einer Stunde Mittagszeit, in die Säle und Zimmer der Ubikationen zu gehen und Kranke und Alte herauszufinden, die sich nicht mehr selbst versorgen konnten. Sie wurden registriert, denn in Theresienstadt wurde alles registriert, und am nächsten Tag wurden sie in eine Marodenstube oder in ein Siechenheim gebracht. Oft erlebten diese Menschen den nächsten Tag nicht mehr, denn mit der Zeit dachte jeder der Zimmergenossen nur noch an sich und das eigene Überleben. Man konnte die Kraft, die man noch besaß, nicht an andere verschwenden.

Manchmal fanden wir auch zwischen den Überlebenden Tote vor, die wir gleich abholen ließen. Es wurde abgeholt mit Leiterwagen, von vier bis sechs Häftlingen gezogen. Die Toten wurden mit Fußzetteln auf die Wagen geworfen, und jeden Vormittag sah man große Wagenladungen durch die Straßen Theresienstadts ziehen. Man gewöhnte sich daran, und sie gehörten zum Straßenbild. Diese Wagen mit ihren Zugmenschen beförderten alles. Uns machte es gar nichts mehr aus, wenn dieselben Wagen vorher das Brot zur Sammelstelle gezogen hatten. Wichtiger war für uns, satt zu werden, denn der Hunger war unser ständiger Begleiter und größter Peiniger.

In einem kleinen Haus machten wir sieben eines Tages Visite, denn es wurde uns gemeldet, dass man seit langer Zeit aus dem Parterrezimmer niemand gesehen hätte. Nach Einsicht in die Registratur sollten darin zwölf alte Frauen wohnen. Der tschechische Arzt hatte Hosen und Blousons aus starkem Papier mitgebracht, die wir überziehen mussten und an Beinen, Armen und Hals fest zubinden. Außerdem setzten wir einen Helm mit Papiermaske auf. So ausgerüstet, machte der Arzt vorsichtig die Tür auf. Der Anblick war schauerlich, und eine Kollegin fiel um. Ich benutzte die Gelegenheit, sie hinauszubringen. Rings herum an den Wänden saßen zwölf Skelette. Zu ihnen führte eine grauweiße lebende Straße, die Kleiderläuse. Diese hatten die armen alten Frauen, die zu schwach waren, Essen zu fassen und sich noch zu erheben, angefallen, hatten den Stoff und zuletzt auch die Frauen selbst fast aufgefressen. Vorsichtig wurde der Raum wieder verlassen und der Entwesung gemeldet. Diese verbrannte den ganzen Inhalt des Zimmers samt Leichen und entweste den Raum mit Desinfektionsmitteln. Unsere Papieranzüge wurden draußen auch verbrannt. In meinem ganzen Leben habe ich diesen grauenhaften Anblick nicht vergessen. Später verfolgte er mich noch oft in meinen Träumen.

Kleiderläuse brachten uns auch den Flecktyphus ins Lager. Die daran erkrankten armen Menschen wurden streng isoliert, ihre kleine Habe und alle Sachen verbrannt, die Haare wurden ihnen geschoren und sie mussten auf nackten Brettern liegen, nur mit Papier zugedeckt. Sie starben massenhaft, und die SS konnte es sich ersparen, sie nach Auschwitz ins Gas zu schicken.

Ich bekam nun eine andere Unterkunft in einer Baracke. Es war ein Zimmer mit 6 x 8 m, wo wir vierundzwanzig Frauen hausten. Die Holzgestelle waren dreistöckig, und es ging streng zu mit dem Aufstehen und Zubettgehen. Zuerst kamen die oberen dran, wenn die fertig und draußen waren, die mittleren und dann die unteren. Der Bettplatz war nun der einzige persönliche Raum, den man hatte. Er war 75 cm breit und 1,75 m lang. Am Fußende musste noch der Koffer stehen, und die Lebensmittel kamen unter den Strohsack am Kopf. An das Holzgestell in Augennähe pinnte ich mit einer Reißzwecke das Bild meiner Mutter. Bald kannte man von den vierundzwanzig Frauen jede Lebensgeschichte, denn abends wurde im Bett immer erzählt. Zum Schluss kamen wir dann alle ins Träumen und Wünschen, was jeder tun würde, wenn er frei wäre, und was sich jeder zu essen wünschte. Ich träumte immer von einem ganz großen Schnitzel und von einer guten Tasse Kaffee. Fast alle aus diesem Zimmer sind später in den Transport gekommen, und Auschwitz setzte jedem Wunsch und jeder Träumerei ein Ende.

Unser Lager wurde von tschechischer Gendarmerie bewacht, den sogenannten Tschetniks. Bei Dunkelheit gingen unsere tschechischen Mitgefangenen an die Außentore und steckten Zettel oder Briefe mit Wünschen durch die Zäune. Die tschechischen Gendarmen erledigten alles und bekamen von den Verwandten und Bekannten Geld dafür. So lebten die Tschechen unter uns besser als wir, denn sie erhielten große Pakete mit Lebensmitteln. Selten gaben sie uns, den Deutschen, etwas davon ab. Sie sagten, die deutschen Juden wären mit schuld, dass Hitler zur Macht gekommen wäre. Viele Juden hätten ihm Geld gegeben, um sich loszukaufen. Ich fragte einmal eine Tschechin: „Hätten nicht einige von euch das auch getan?" – „Nein", sagte sie, „bei uns hätte das niemand getan. Unser Volk wäre immun gegen einen Hitler gewesen." Oft muss ich daran denken.

In Theresienstadt gab es eine Oberschicht. Das waren die Köche, die Bäcker, die Leute bei der Paketausgabe und fast alle Tschechen. Sie waren immer satt und konnten Lebensmittel für alle möglichen Werkstoffe und Gegenstände eintauschen. So kam es, dass einige von ihnen sich sogar ein eigenes kleines Mansardenstübchen ausbauten.

Es gab auch sogenannte Prominente bei uns, dazu zählten Oberrabbiner Dr. Leo Baeck; ein ehemaliger französischer Regierungsbeamter, Dr. Maier; Geheimrat Prof. Strauß aus dem Jüdischen Krankenhaus und andere. Sie hatten alle Einzelzimmer.

Wir Schwestern, Pfleger, Ärzte aus dem Jüdischen Krankenhaus bildeten eine Gemeinschaft. Wir trafen uns jede zweite Woche bei Geheimrat Strauß. Er war nach Theresienstadt gekommen, weil er am Bahnhof Gesundbrunnen von jungen SA-Männern angepöbelt worden war und sie „Lausejungs" genannt hatte. Sie haben ihn halbtot geschlagen, den Bart ausgerissen, und er wurde dann von der Polizei ins Sammellager und zusammen mit seiner Frau nach Theresienstadt gebracht. Da sie öfters aus dem Ausland Pakete bekamen, hoben sie immer etwas Gutes für uns auf. So saßen wir oft zu zwanzig in ihrem kleinen Zimmer bei schwarzem Tee, und jeder bekam einen Keks dazu. Alle unsere Nöte und Sorgen erzählten wir, und die beiden Alten hörten uns zu und gaben uns Trost. Wir freuten uns schon immer auf diese Abende. Unser ehemaliger gefürchteter Chef war hier für uns ein Mensch geworden, er war einer von uns. Kurz vor Kriegsende bekam er noch die Einberufung nach Auschwitz. In der Nacht davor hat er sich mit seiner Frau das Leben genommen. Recht hat er getan.

Ständig kamen neue Transporte aus Deutschland, Dänemark, Holland und der Tschechoslowakei. Sobald Theresienstadt aus den Nähten platzte, gingen Transporte nach Auschwitz. So wurde Platz geschaffen. Theresienstadt war nur ein Durchgangslager, und wer dort überlebte, hat einen Schutzengel gehabt, war arisch versippt oder arbeitete für die deutsche Wehrmacht.

Ungefähr fünf Monate nach meiner Ankunft kam auch die Schwester von Dr. W. Sie war schwer herzkrank. Ihre Familie, Mann und zwei Kinder, waren noch nach England evakuiert worden. Dr. W. hatte ihr wegen des Herzleidens verboten, mitzufahren, sie sollte aber nachreisen. Das war dann nicht mehr möglich, sie war bettlägerig und kam ins Siechenheim. Oft besuchte ich sie. Sie schnitt jedem, der einen Gürtel umhatte, ein Stückchen davon ab. Daraus machte sie Broschen, Anhänger und Ohrringe. Für eine Scheibe Brot verkaufte sie ihre Sachen, und ich half ihr dabei.

Als Schwester bekam ich einmal im Monat eine Zulage. Sie bestand aus einer Buchtel (ein kleines süßliches Hefegebäck) und einem Viertelstück Leberpastete. Das teilte ich immer redlich mit Thea. Pakete und Päckchen durften nach Theresienstadt geschickt werden. Viele hatten keine Verwandten oder Freunde und bekamen nie etwas. Aus Deutschland kamen meist nur Päckchen, während die Tschechen oft 20-Kilo-Pakete bekamen. Es war ein Fest, wenn man eine Abholkarte zugestellt bekam, und man ging dann zur sogenannten „Post". Die Männer, die dort die heißersehnte Ware ausgaben, bereicherten sich selbst bei der Durchsicht. Das Paket oder Päckchen wurde geöffnet und alles durcheinandergeworfen, um verbotene Dinge, wie Messer, Pistolen, Radios, Zigaretten etc., herauszunehmen. Dabei fielen Kaffee, Tee, Schokolade oft unter den Tisch.

Ich bekam ein- bis zweimal im Monat ein Päckchen, was mit zu meinem Überleben beigesteuert hat. Dr. W. schickte mir und seiner Schwester immer das gleiche Päckchen, meist waren Kekse oder Kuchen, Schokolade, Marmelade und Tee darin. Die Oberin Lisa sandte umschichtig ihren Schwestern Päckchen mit Pumpernickel, harter Wurst und Bonbons. Eine Kollegin aus dem Jüdischen Krankenhaus sandte mir immer ein ganzes Brot, das sie sich vom Munde abgespart hatte. Obwohl es meist verschimmelt ankam, war es für mich eine Kostbarkeit. Ich rieb es ab und verzehrte es abends unter meiner Bettdecke, damit ich nicht den Neid und die Gier der anderen ewig Hungrigen sehen musste. Es war ein wunderbares Gefühl, einmal richtig satt zu sein.

In Theresienstadt lebten wir mit und von den „Bonkes". Bonkes waren die Nachrichten und Flüsterparolen, die umgingen. Da hieß es, die Engländer haben Bomben geschmissen, die Amerikaner und Russen sind schon bis da und dort vorgedrungen. Tatsächlich hatte jemand im Lager ein verstecktes kleines Radio, obwohl darauf die Todesstrafe stand. Die Bonkes gediehen, und wir wurden manchmal ganz euphorisch und dachten an Freiheit.

Man bezahlte uns sogar. Es gab eigenes Lagergeld. Nur konnte man sich dafür nichts kaufen, d. h. nur Senf. Da hieß es in der Ankündigung: „Nr. I-97 13486 ist berechtigt, am soundsovielten im Laden einzukaufen."

Theresienstädter „Geld"

Man stand in langer Schlange und erhielt dann 2 Deka (20 g) Senf. Mit dem konnte man nichts anfangen, und man gab ihn meist weiter. Interessenten fanden sich immer.

Es kam der Winter 1943/44, der sehr kalt war. Wir brauchten für unser Kanonenöfchen in der Ubikation Heizmaterial. Zwei von uns mussten immer abends in der Dunkelheit „organisieren". Wir durften abends nicht mehr auf die Straße, trotzdem schlich man an den Häuserwänden entlang zum Bahnhof. Dort wurden hauptsächlich für die SS Kohle, Kartoffeln und anderes abgeladen. Man kroch unter den Zug und scharrte heruntergefallene Kohlen oder Kartoffeln zu sich heran. Überall lagen unsere Mithäftlinge. Ich glaube, dass die Tschechen, die da beaufsichtigten, das wussten, denn sie mussten ja die Geräusche hören und bei dem Scheinwerferlicht auch die Hände sehen. Mit Eimern, Taschen und Säcken schlichen wir uns langsam in unsere Ubikation. Alle warteten schon. Das Öfchen wurde geheizt, und die Kartoffeln wurden auf die heiße Platte gelegt und mit großem Genuss dann gegessen. Leider schrie der Magen immer nach mehr.

Bei einer solchen Aktion erkältete ich mich schwer, denn man lag bei klirrendem Frost auf den Schienen und hatte keine Abwehrkräfte. Ich bekam Fieber und konnte nicht zur Arbeit gehen. Das war eine Tragödie, denn die nicht arbeitenden Häftlinge bekamen weniger zu essen, und außerdem wurde man beim Liegen immer schwächer. Das Fieber wich nicht, und der Husten wurde stärker. Da kam ein Arzt, den ich vom Jüdischen Krankenhaus her kannte, und untersuchte mich. Er nahm mich gleich mit ins Ambulatorium. Dort gab es einen eingeschleusten Röntgenapparat. Man stellte eine Tbc, Frühinfiltrat links und rechts eine Verschattung fest. Ich ging mit dem Befund völlig verzweifelt zur Abteilung Gesundheitswesen. Dort saß die nette Sekretärin, die mich schon zweimal vermittelt hatte. Sie sagte zu mir: „Wissen Sie, Sie tun mir leid. Wenn Sie mir versprechen, dass Sie niemandem etwas davon sagen, dann führe ich Sie als Arbeitende weiter. Ruhen Sie viel, und wenn Sie glauben, dass es wieder besser geht, dann kommen Sie wieder her." Diese Retterin in der Not hieß Anni Thiel. Sie war Mischling mit arischer Beziehung, war also geschützt. Noch heute korrespondieren wir miteinander. Inzwischen ist sie achtzig Jahre alt geworden.

Als Tbc-Kranke bekam ich jeden zweiten Tag einen Viertelliter Magermilch. Da ich allergisch gegen Milch bin und schon beim Aufkochen Brechreiz bekomme, gab ich sie immer weiter. Milch war heiß begehrt, und ich bekam zwei Schnitten Brot dafür. Dadurch wurde ich öfter satt, was ich bei der Krankheit gut brauchen konnte. Leider bekam ich noch zusätzlich eine feuchte Rippenfellentzündung. Zweimal wurde ich in der Ambulanz punktiert. Mein Überlebenswille war aber sehr stark, denn ich wollte später meiner Mutter eine Stütze sein. Ich legte mich nicht viel hin, da ich wusste, dass das Liegen apathisch macht. Manchmal lief ich langsam durch die Straßen und versuchte durchzuatmen. Ab und zu besuchte ich Thea.

Immer wieder gingen Transporte nach Auschwitz, und viele gute Bekannte, auch Ärzte und Schwestern, verschwanden. Man erzählte uns, Auschwitz wäre ein Arbeitslager. Es war uns klar, dass die Bedingungen dort härter sein mussten und dass man direkt der SS unterstand.

Eines Tages ging ein Bonke, ein Gerücht, durch Theresienstadt. Man hätte einen Zettel gefunden. Niemand wusste, wie der ins Lager gekommen war. Im Transport nach Auschwitz hätte ein Mann ein Papier aus dem Fenster des Abteils geworfen. SS stürzte herein, erschoss den Mann und ließ ihn im Abteil liegen. Da wussten wir, dass die Auschwitz-Transporte in den Tod führten. Uns allen wurde unheimlich zumute.

Ansammlungen waren im Lager verboten, und doch wurden oft auf Dachböden Gottesdienste, Theaterstücke, Konzerte, ja sogar Opern aufgeführt. Ein evangelischer

Gottesdienst ist mir noch gut im Gedächtnis, in dem ein Pfarrer eine Predigt hielt, bei der wir alle weinten.

Musikinstrumente waren auch durch tschechische Gendarmerie eingeschleust worden. Einmal wohnte ich einem Mozart-Requiem bei und einmal einem Mozart-Frühwerk, der Oper „Bastien und Bastienne". Was machte es da, dass die Sänger ohne Kostüm waren! Unsere Phantasie reichte aus, uns in einer großen Oper zu wähnen. Große Künstler hatten wir in Theresienstadt, da gab es Musiker, Sänger, Schauspieler, Dichter, Maler, Schnitzer und … und. Wer zählt die Namen. Fast alle gingen ins Gas.

Das Fieber war weg. Ich fühlte mich besser und ging gleich zu meiner Anni Thiel. Sie vermittelte mich als Nachtdienst in die Marodenstube der Westbaracken. Sie meinte, dort hätte ich nicht so viel zu tun. Außerdem bekam ich nun eine bevorzugte Unterkunft in den Kasematten. Es war ein ehemaliger Pferdestall. Wir hausten dort zu zwölf Schwestern. Alle Holzpritschen standen mit Lücken dazwischen nebeneinander, und das gab einem ein freieres Gefühl. Ich war die einzige Deutsche im Zimmer, die anderen waren Tschechinnen. Zunächst wurde ich feindlich angesehen, denn sie mochten keine Deutschen. Inzwischen hatte ich schon einige Brocken Tschechisch gelernt, die ich ab und zu bei ihnen anwandte. Das wirkte Wunder. Sie honorierten meine Bemühungen, indem sie auch ab und zu deutsch mit mir sprachen, denn sie konnten alle Deutsch. Da ich tagsüber etwas schlafen musste, gaben sich alle Mühe, in dieser Zeit ruhig zu sein.

Der Dienst in der Marodenstube war leicht. Es lagen zwanzig Patienten darin mit den verschiedensten Krankheiten. Nach ärztlicher Vorschrift gab ich abends Schlaftabletten aus, die sie alle einnahmen. Das war auch das einzige Mittel, schlafen zu können, denn die Flöhe und

Wanzen waren eine Qual. Es gab dort so viele Wanzen, dass man scherzhaft behauptete, „die Baracken würden eines Tages weglaufen". Wenn die Patienten eingeschlafen waren, deckte ich jeden mit einem Tuch über dem Kopf zu und setzte mich auf einen Tisch mit untergeschlagenen Beinen, damit von unten keine Flöhe kamen. Ich hatte ein großes Tuch um, denn von der Decke rieselten die Wanzen. Ab und zu schüttelte ich es aus.

Gegen drei Uhr ging ich einmal in das Dienstzimmer, wo sich meist ein Bereitschaftsarzt aufhielt. Oft brutzelte der ältere Arzt dort etwas auf dem Öfchen. Ein angenehmer Essensgeruch stieg einem in die Nase und machte noch hungriger. Ich verschwand dann auch bald. Als ich am dritten Abend wieder gegen drei Uhr ins Dienstzimmer kam, sagte Dr. Šťastný: „Machen Sie mir die Freude und essen Sie mit mir zusammen." Ich zierte mich erst ein bisschen, doch lange Zeit hatte ich so etwas Gutes weder gerochen noch gegessen: Gulasch und Knödel aus der Büchse. Der Doktor hatte sogar zwei Blechlöffel. Es schmeckte so gut, dass ich noch mehrere solche Portionen hätte verzehren können. Doch ob das gut gegangen wäre? Ich bedankte mich sehr und ging gestärkt zurück in die Marodenstube. Am nächsten Abend passte mich Dr. Šťastný schon beim Kommen zum Nachtdienst ab und lud mich wieder ein.

Das wiederholte sich nun Abend für Abend. Dabei hatten wir viele Gespräche und erzählten uns alles aus der Vergangenheit. Er war gebürtiger Tscheche, hatte in Prag gelebt und vor zwanzig Jahren geheiratet. Die arische Frau brachte eine kleine Tochter mit in die Ehe. Nach einigen Jahren hatten sie dann noch eine gemeinsame Tochter, die seine Musikalität geerbt hatte. Mit vierzehn Jahren war sie schon öffentlich als Pianistin aufgetreten. Er sprach viel und mit großer Zärtlichkeit von ihr. In Prag besaß er ein schönes Haus mit Garten. Nun hatten die Nazis auch in der Tschechoslowakei die Juden enteignet. Die Eheleute Šťastný ließen sich schon vorher pro forma scheiden. Er musste seiner Frau aber das Ehrenwort geben, dass sie, wenn der Nazispuk vorbei wäre, wieder heiraten würden.

Wir kamen uns näher und waren schließlich befreundet. Er hatte etwas Zartes, Väterliches an sich, was wie Balsam in mein Herz floss. In der furchtbaren Umgebung gab es also für mich noch ein kleines Licht. Ich lebte nur noch für das Licht und besuchte ihn auch in seiner Behausung L 504, wo er noch mit zwei Ehepaaren zusammenwohnte. Sie hatten Bettlaken als Trennwände im Zimmer angebracht. Mit Vornamen hieß mein Freund Ottokar, und ich nannte ihn Kari. Meine Gedanken kreisten nur noch um dieses Glück. In normalen Zeiten hätte ich von dem Glück sicher Abstand genommen, denn er war fünfundzwanzig Jahre älter als ich.

Inzwischen ging im Herbst ein Transport nach dem anderen nach Auschwitz. Man machte wieder Platz für den jüdischen Teil der tschechischen Mischehen. In der Tschechoslowakei wurden schon die Ehen getrennt, Deutschland sollte folgen. Alle arisch Versippten und Mischlinge mussten sich eines Tages in der Registratur melden, wo ein SS-Mann mit einer Sekretärin saß. Man sollte Briefe und Dokumente des arischen Teils mitbringen. Es hatte sich schon herumgesprochen, dass man in den Transport käme, wenn der Daumen des SS-Mannes nach unten ginge. Noch vor der Tür stehend, betete ich inständig zu Gott, er möge doch den Daumen nach oben gehen lassen. Leider ging er nach unten.

In der Nacht kam der Todesengel, das war der Mann mit der Liste, der in den Ubikationen die Namen vorlas. Mein Name wurde auch vorgelesen. Was konnte man tun?

„Kari", mein Theresienstädter Gefährte (Scheinehe)

Kari und ich gingen zum sogenannten Theresienstädter Standesamt und ließen uns sofort trauen. Da er durch die arische Mischlingstochter geschützt war, nahmen wir an, dass sich der Schutz auch auf mich beziehen könnte. Man sagte uns aber, dass dem nicht so sei. Ich lief noch während der abendlichen Sperrstunde zu Dr. Metz. Er kannte mich aus dem Jüdischen Krankenhaus, und Dr. W. hatte mich ihm ans Herz gelegt, als ich von Berlin wegkam. Dr. Metz war in unserer Theresienstädter Selbstverwaltung Leiter des Gesundheitswesens. Er sagte mir zu, dass er, wenn es möglich wäre, mir helfen würde.

Am nächsten Tag rückte ich mit meinem Koffer zum Transport auf dem Bahnhofsvorplatz ein. Der Zug stand schon da. Wir waren 2.500 Menschen und saßen teils auf der Erde, teils auf den Koffern. Es wurde nochmals nach der Liste aufgerufen, und wehe, wenn einer nicht erschienen war! Der wurde gesucht und kam in den Gepäckwagen. Ich kannte den schrecklichen Platz schon von Thea, die ein paar Wochen vorher weggekommen und bei der ich bis zum letzten Augenblick geblieben war.

Es hieß einsteigen. Damit war mein Leben abgeschlossen, und ich bat nun Gott um einen gnädigen Tod. Der Zug fuhr an. Plötzlich hörte ich über Lautsprecher meinen Namen: „Schwester Herma Pohlmann soll aussteigen." Ich schmiss den Koffer aus dem Fenster. Alle halfen mir, mich am Fenster hochzuziehen, und sobald der Zug anfuhr, sprang ich hinaus. Die Knie waren aufgeschlagen, doch was machte das! Kari nahm mich in seine Arme, Dr. Metz war auch da. Er erzählte mir, dass er die Angst vor Ansteckung bei der SS ausgenutzt und ihnen erzählt hätte, dass wieder Flecktyphus im Lager wäre; es gäbe aber keine qualifizierte Schwester mehr. Die letzte Schwester wäre gerade im Transport. Da wurde ihm befohlen, die Schwester sofort herauszuholen. Später habe ich erfahren, dass der Transport mit den 2.500 Menschen geschlossen ins Gas gegangen ist. Lieber Gott, du hattest mich wieder beschützt. In den vergangenen Jahren habe ich immer wieder an die damaligen Minuten gedacht.

Nun wohnte ich bei Kari in L 504. Zu drei Ehepaaren wohnten wir in dem Zimmer zusammen. Ein deutsches Ehepaar, ein altes tschechisches Paar und wir.

Ins Ausland musste etwas über Theresienstadt durchgesickert sein, denn die Nazis wollten nun durch einen Film beweisen, was sie für die Juden getan hätten. Außerdem kam noch eine Rotkreuz-Kommission.

Von einem Tag zum anderen mussten wir aus unserem Parterre-Zimmer heraus und wurden im oberen Stock zwischen andere Häftlinge gestopft. Unser unteres Zimmer wurde geweißt, Tische und Stühle wurden hergebracht. Der Tisch wurde mit Kaffeetassen, Kanne etc. gedeckt, auch Gardinen wurden angebracht. Man ließ die Fenster offen, damit man den gemütlichen Raum von der Straße aus sehen konnte. Überall waren geschnitzte Wegweiser aufgestellt: *Zur Schule!* Es gab gar keine Schule. *Zum Freibad!* Es gab gar kein Freibad usw., kein Kaffeehaus[1], kein Theater… Der sogenannte „Laden", wo wir nur Senf kaufen konnten, hatte im Schaufenster jetzt große Würste baumeln und Büchsen gestapelt. Es waren Potemkinsche Dörfer. Für den Filmtag hatte man sehr jüdisch aussehende Menschen ausgesucht, die alle Bade-

---

Anmerkung: [1] Tatsächlich wurde im Rahmen dieser Verschönerungsaktion", um die Rotkreuz-Delegation zu täuschen, sogar am Hauptplatz ein „Kaffeehaus" eingerichtet.

zeug ausgehändigt bekamen und außerhalb Theresienstadts in einem Freibad baden sollten. Danach wurden sie ins Lager zurückgeknüppelt.

Das Beste war, dass SS-Führer Heydrich[1] im Lager erschien, Kinder mussten um ihn herumstehen, und er verteilte Schokolade. Ein Kind musste rufen: „Nicht schon wieder Schokolade, Onkel Heydrich!" Gleich nach der Filmaufnahme wurde den Kindern die Schokolade aus den Händen gerissen. Der Spuk ging vorüber.

Ich arbeitete wieder als Nachtdienst in den Westbaracken, und Kari war in der internen Ambulanz der Magdeburger Kaserne eingesetzt. Ernährungsmäßig ging es mir jetzt besser, denn Kari bekam mindestens einmal im Monat ein großes Paket. Ich teilte sehr ein. Trotzdem spürte man noch immer den Hunger, doch taten die zusätzlichen Kalorien dem körperlichen Zustand gut.

Es gingen immer noch Transporte ab, und das Damoklesschwert hing noch über mir, doch durch Karis Nähe empfand ich doch eine gewisse Geborgenheit.

Plötzlich spürte ich eine Unruhe mit Übelkeit. Bei einem Gynäkologen holte ich mir Gewissheit. Da man in Theresienstadt auf keinen Fall ein Kind austragen konnte – man kam sofort in den Transport –, war von der Selbstverwaltung eine Baracke zur Verfügung gestellt worden, wo am laufenden Band Kürettagen gemacht wurden. Ich meldete mich gleich an und blieb zwei Tage dort. Mir vis-a-vis lag eine Tschechin, die auf

---

Anmerkung: [1] Hilde Bürger gehörte ganz offensichtlich nicht zu den Häftlingen, die der Rotkreuz-Delegation präsentiert wurden. Deshalb musste sie dem Gerücht Glauben schenken, Reinhard Heydrich sei dort aufgetaucht. Nicht Heydrich, sondern Lagerkommandant Karl Rahm führte die Delegation durch Theresienstadt. Heydrich war bereits zwei Jahre zuvor einem Attentat zum Opfer gefallen.

ihr Brett oberhalb des Holzlattenbettes zwei halbe Brote und acht bis zehn Schnitten Brot gelegt hatte. In der Nacht wurde ich zum Dieb. Als alles schlief, stand ich leise auf und entwendete drei Schnitten. Unter der Bettdecke aß ich das Brot mit Behagen auf. Damals hatte ich keine Skrupel.

Befreiung, Heimkehr, Rachegefühle

Ein großes Ereignis gab es, als Mitte April 1945 ein dänischer Bus in unser Lager fuhr und alle Dänen aufgefordert wurden, sich zum Abtransport in die Heimat fertig zu machen. Wir standen abends alle herum und sahen zu, wie die dänischen Juden einstiegen. Wir weinten alle. Auf den Sitzen fanden die Dänen Zigaretten und Schokolade vor. Sie öffneten die Fenster und warfen alles heraus. Zögernd nahmen wir es, mit Neid im Herzen. Der dänische König und die Regierung hatten durchgesetzt, dass ihre inhaftierten Dänen abgeholt werden konnten. Das gab uns Hoffnung. War unser Martyrium auch bald zu Ende?

Die Gerüchte kursierten. Irgendwo, wo wusste man nicht, existierte ein Radio, und der oder die hörte den englischen Sender. So waren die Nachrichten nicht mehr Wunschdenken, sondern Wirklichkeit. Die deutschen Truppen waren an allen Fronten geschlagen und auf dem Rückzug. Wie überall auf der Welt eilte der Wunsch der Wirklichkeit voraus, und so ging eines Abends ganz plötzlich die Nachricht um, wir seien frei, die SS wäre getürmt. Alles tanzte und jubelte auf den Straßen. Plötzlich stürmte SS ins Lager. Wir flüchteten. Es kam der Befehl, dass sich alle Männer auf dem Marktplatz einfinden müssten. Wir zitterten. Ob diese Teufel nun alle Männer erschießen würden?

Man erzählte uns, dass ein SS-Mann vorgetreten wäre und gesagt hätte: „Nun könnten wir euch alle erschießen, aber wir wollen noch einmal Gnade vor Recht ergehen lassen, geht zurück in eure Häuser." Jetzt war klar, dass sie schon Morgenluft gewittert hatten und sich einen guten Abgang verschaffen wollten. Teils bedrückt, teils mit Hoffnung kamen wir unserer Arbeit nach und erwarteten ein baldiges Ende.

Einige Tage später hieß es, die SS sei nun wirklich in der Nacht geflohen. Nun waren wir nicht mehr enthusiastisch und gingen heimlich und zögernd zum Zaun, der Theresienstadt umgab. Da sahen wir viele Flüchtlingsströme und SS, die auf Panzern wegrasten. Einige von der SS wollten doch noch einmal in die verhasste Ghettostadt hineinschießen. Wir hatten viele Einschüsse in Häuser, und eine Frau wurde sogar dabei getötet.

Doch was war das alles gegen die Freiheit, die nun auf uns zukam! Zunächst kam sie in Gestalt der Russen. Sie marschierten bei uns ein, besichtigten alles, interessierten sich besonders für ein Bauwerk, das noch im Entstehen war. Eine Bekannte von mir hatte dort mitarbeiten müssen. Es waren Gaskammern nach Auschwitzer Vorbild, denn man wollte uns gleich an Ort und Stelle umbringen und nicht erst die Bahn belasten.

Unsere Befreier benahmen sich sehr korrekt. Als ein Russe versuchte, eine von uns Frauen zu vergewaltigen, wurde er vor dem Theresienstädter Tor erschossen. Ganze Waggons mit Lebensmitteln brachten sie ins Lager. Viele unserer Leute aßen so viel Speck, Butter Wurst etc., dass der geschwächte Körper das nicht verkraften konnte. Wieder starben unzählige Menschen. Jetzt wurden sie nicht mehr auf den Brotwagen geschmissen. Nein, es gab jetzt richtige Leichenwagen mit Särgen.

Die Tschechen kamen ins Lager und nahmen ihre Angehörigen gleich mit. Einer der ersten, der nach England ging, war der Oberrabbiner Dr. Leo Baeck. Tag für Tag kamen jetzt Busse. Die Holländer, die Franzosen, die Gemeinden aus Deutschland, alle holten ihre verfolgten Juden nach Hause. Es kamen auch schon befreite Häftlinge aus anderen Konzentrationslagern nach Theresienstadt, um ihre Angehörigen zu suchen. Sie brachten schreckliche Nachrichten mit. Ein junger Mann sagte zu mir: „Mit hundertprozentiger Sicherheit kann ich Ihnen sagen, dass Ihre Mutter nicht mehr lebt. In Riga und Reval sind alle Juden erschossen worden."

Ich war wie betäubt und konnte mich über die Freiheit gar nicht mehr freuen. Mein Kari fuhr auch gleich nach Prag, um seine Familie wiederzusehen. Er wollte auch von dem Ehrenwort, das er seiner Frau gegeben hatte, loskommen. Inzwischen arbeitete ich in einem Siechenheim, wo wir fast ausschließlich alte, bettlägerige Menschen betreuten. Mit uns arbeitete eine Schwester Herta aus Berlin, die ihren alten, über achtzigjährigen Vater ständig rührend betreute. Ich half ihr immer, den alten Herrn mit dem Stuhl auf den Hof in die Sonne zu tragen. Der Vater von Schwester Herta hat noch im jüdischen Altersheim in Berlin später den einhundertsten Geburtstag gefeiert.

Nach der Befreiung wandelte sich das Klima in Theresienstadt. Unsere alten Patienten brauchten nicht mehr nur noch an das Essen zu denken. Die Tschechen und Russen hatten Radioapparate gebracht, und so konnte im Krankensaal leise Musik ertönen. Ich erinnere mich noch an eine besondere Freude meiner Patienten. Ausgerechnet unter der Zimmerlampe baute ein Schwalbenpärchen ein Nest. Auch wenn es nachts empfindlich kalt war, mussten wir das Fenster immer einen Spalt offenlassen, damit die Vögel ein- und ausfliegen konnten. Von den Betten aus wurde alles genau beobachtet, und wie haben sich alle gefreut, als dann junge Schwälbchen schlüpften. Ja, ob alt, krank oder jung, man konnte wieder leben und Freude empfinden.

Leider war es bei mir nicht so. Zehn Tage waren schon vergangen, und Kari kam nicht wieder. Überlebende aus anderen KZs erzählten Grauenhaftes. Ganz besonders schlimme Dinge berichtete mir Dr. Metz, dem ich mein Leben zu verdanken hatte. Er besuchte in Theresienstadt seine alte Mutter, die das Lager überstanden hatte. Gleich als Dr. Metz nach Auschwitz kam, musste er mit ansehen, wie seine Frau und seine beiden Kinder ins Gas gehen mussten. Als die SS hörte, dass er Chirurg war, benützten sie ihn, um Versuche bei den Mitgefangenen zu machen. Ständig wollte er sich an den elektrisch geladenen Zaun werfen, unterließ es aber dann doch immer, weil er das Leiden seiner Mitgefangenen, die zu Versuchszwecken vorgesehen waren, mildern konnte. Er hatte nämlich Morphium zur Verfügung und spritzte den armen Menschen große Dosen davon. Über das, was er mir alles noch erzählte, konnte ich nie sprechen, noch kann ich es heute niederschreiben. Es ist unglaublich, was sich ein Mensch, der aus einem zivilisierten Land stammt, einfallen lassen kann, um Gottes Geschöpfe zu quälen.

Dr. Metz bat mich, seine Mutter mit nach Berlin zu nehmen, ihr in jeder Weise zu helfen, bis er für sie eine Fahrkarte nach Frankreich schicken würde. Zum Dank für seine chirurgische Hilfe wollten ihn die Russen nach Lyon ausfliegen. Seiner Bitte habe ich entsprochen und die Mutter nach einigen Wochen, vom Bahnhof Zoo aus, ins Abteil nach Frankreich gesetzt. Leider habe ich nie wieder etwas von meinem Lebensretter gehört.

Nun kamen immer mehr ehemalige KZ-Insassen aus den Lagern des Ostens. Sie erzählten, dass Riga oder Reval niemand überlebt hätte, ich solle auf meine Mutter nicht mehr warten. Als ich das hörte, gingen die Nerven mit mir durch. Ich glaubte, nun nicht mehr leben zu können, das Durchhalten hatte sich nicht gelohnt. Kari ließ auch nichts mehr von sich hören. Meine geliebte Mutter war ermordet worden, nun wollte ich auch nicht mehr leben. Ich nahm eine Überdosis Schlaftabletten und legte mich ins Bett. Fest rechnete ich damit, dass man erst morgens nach mir sehen würde. Man wollte mich aber schon gegen fünf Uhr früh wecken, weil eine Patientin ganz plötzlich einen Herzanfall bekommen und die Nachtschwester schon den Chefarzt benachrichtigt hatte. So kam ich gleich in das Behelfsspital. Dort bekam ich eine Magenspülung und laufend Kreislaufmittel. Ich erwachte wieder, und zu meiner großen Freude wurde mir ausgerichtet, dass Kari telefoniert und seinen Besuch angekündigt hätte. Meine Lebensgeister waren wieder erwacht. Ich schaute mich im Saal um. Die meisten Patienten hatten Brechdurchfälle von dem sehr guten Essen. Die ausgehungerten, ausgemergelten Gestalten konnten die guten Sachen, die sie jetzt mit Heißhunger in sich hineinstopften, nicht vertragen. Es gab weitere Todesfälle.

Ich wurde aus dem Behelfsspital entlassen und nahm meinen Dienst im Siechenheim wieder auf. Ein paar Tage später kam Kari. Er erzählte mir, dass seine geschiedene Frau wieder auf Heirat dränge und er ein Ehrenmann sein müsse. Er wolle aber nicht mehr mit ihr zusammenleben, denn er liebte nur mich und würde gleich wieder die Scheidung einreichen. Beim kommenden Transport nach Berlin käme er mit mir mit. Ich war glücklich. Da viele Transporte schon in die Heimatländer und Städte abgegangen waren, waren viele Haushalts- und Gebrauchsgegenstände liegengeblieben, man brauchte sich nur zu bedienen. Ich machte für unseren künftigen Hausstand davon regen Gebrauch. Nun kam der vorletzte Berlin-Transport, und ich wartete fieberhaft auf Kari. Bei mir machte sich eine große Niedergeschlagenheit bemerkbar. Alles hatte ich ertragen, doch das Warten steuerte auf einen Nervenzusammenbruch hin.

In der Nacht vor dem Transport war ich wieder soweit, das Leben wegzuwerfen. Dieses Mal sollte es aber gelingen. Aus dem Giftschrank nahm ich Morphiumampullen, zog eine Spritze auf und spritzte mir die Lösung in die Vene. Man fand mich am Morgen noch lebend und brachte mich wieder in das Behelfsspital. Mehrere Tage lag ich ohne Bewusstsein und bekam ständig Kreislaufmittel. Tag und Nacht wechselten sich tschechische Medizinstudenten an meinem Bett ab. Ein Medizinstudent, der sehr gut deutsch sprach, war besonders rührend besorgt um mich und führte lange Gespräche mit mir. Ich versprach ihm, bei dem letzten Berlin-Transport am 1. September 1945 mitzufahren und den Versuch zu machen, mein Leben allein in geordnete Bahnen zu lenken.

Es war wirklich der allerletzte Transport, der aus Theresienstadt abging. Die kleine Stadt war praktisch leer. Die Menschen dieses Transportes waren in der Hauptsache Patienten des Siechenheims, in dem ich arbeitete, also kranke, alte, behinderte Menschen.

ABSCHRIFT

AUSWEIS

über die Erlaubnis zur berufsmäßigen Ausübung der Krankenpflege.

Die Hildegard P o h l m a n n,
geboren am 19. Mai 1916 in Berlin-Wilmersdorf,
hat am 6. Mai 1940 vor dem Prüfungsausschuss der staatlich anerkannten Krankenpflegeschule am Krankenhaus der Jüdischen Gemeinde in Berlin die staatliche Krankenpflegeprüfung mit dem Gesamtergebnis

„Sehr gut"

bestanden.

Ihr war auf Grund der Krankenpflegeverordnung vom 28. September 1938 (Reichsgesetzblatt I, S. 1310) eine Erlaubnis zur berufsmäßigen Ausübung der Krankenpflege mit Einschränkung erteilt worden.

Diese Einschränkung wird auf Grund der Verordnung des Alliierten Kontrollrates für Deutschland betreffend

„Aufhebung der Grundsätze des Hitlerregimes – veröffentlicht im Verordnungsblatt der Stadt Berlin – 1. Jahrgang / Nr. 9 vom 10. Oktober 1945 – "
zurückgenommen.

Sie erhält hiermit mit Rückwirkung vom 6. Mai 1940 den Ausweis über die Erlaubnis zur berufsmäßigen Ausübung der Krankenpflege und damit die Berechtigung, sich als „Krankenschwester" zu bezeichnen.

Da die Schwester Hildegard Pohlmann nach der bestandenen staatlichen Prüfung eine einjährige erfolg-

91

reiche praktische Tätigkeit in einem der im § 1, Abs. 3
der Krankenpflegeverordnung vom 28. Sept. 1938 ge-
nannten Krankenhäuser abgeleistet hat, darf sie ihre
Berufstätigkeit frei ausüben.

Für den Fall, daß Tatsachen bekannt werden, die den
Mangel derjenigen Eigenschaften dartun, die zur be-
rufsmäßigen Ausübung der Krankenpflege erforderlich
sind, oder daß die Inhaberin dieses Ausweises den in
Ausübung der staatlichen Aufsicht erlassenen Vorschrif-
ten beharrlich zuwiderhandelt, bleibt die Zurücknahme
der Erlaubnis vorbehalten.

Berlin, den 19. März 1946

Magistrat der Stadt Berlin,
Abt. für Gesundheitsdienst

In Vertretung:

gez. Dr. Redeker

Stempel: Magistrat d. Stadt Berlin, Gesundheitsdienst

Ein Lazarettzug wurde erwartet, den ich mit einer tschechischen Schwester begleiten sollte. Der Abtransport ver-
zögerte sich lange Zeit, weil es schwierig war, die bett-
lägerigen Patienten auf Tragbahren in den Zug zu be-
fördern und die winzige Habe eines jeden mit einzula-
den. Die kranken Menschen hingen sehr an dem kleinen
Eigentum. Der Zug setzte sich in Bewegung. Ein dunkles Kapitel Naziherrschaft war zu Ende gegangen. Der
Zug fuhr durch Dresden, und wir sahen das schreckliche
Trümmerfeld und auf dem Bahnsteig die überfüllten Zü-
ge, auf deren Dächern die Menschen saßen oder sich
draußen an den Türen festkrallten. Wir wollten es kaum

glauben: Alles, was uns Hitler angetan hatte, mussten sie in gewissem Maße als Herrenvolk auch durchmachen…

Der letzte Waggon sollte vorher bei München abgehängt werden und nach Palästina, dem heutigen Israel, gehen. Ich überlegte ständig, ob ich noch in den hinteren Wagen gehen sollte, denn in Tel Aviv lebten Tante und Onkel, meine einzigen Verwandten. Nein, dachte ich, vielleicht hat meine Mutter doch das Massaker überlebt und sucht mich in Berlin. Zuallererst musste ich also nach Berlin.

Wir fuhren in Berlin, Bahnhof Zoo, ein. Nur ganz wenige wurden von Verwandten oder Bekannten abgeholt. Alle anderen kamen ins Jüdische Krankenhaus, von dem eine Abordnung auf dem Bahnsteig stand. Die Patienten auf Tragbahren wurden auf Lastwagen verladen. Die Gehfähigen saßen dazwischen oder daneben. Die Lastwagen fuhren mit dem Rotes-Kreuz-Emblem durch Berlin. Was war aus der schönen Stadt Berlin geworden! Sie war nicht mehr wiederzuerkennen. In den Trümmern sah man Frauen in schäbiger Kleidung arbeiten. War das das Berlin, das wir vor Jahren verlassen hatten?

Nach zweieinviertel Jahren sah ich das Jüdische Krankenhaus, meine ehemalige Arbeitsstätte, wieder. Wir fuhren in den Hof des Krankenhauses ein. Zur Begrüßung standen im Garten Ärzte, Kollegen und Kolleginnen, Stations- und Verwaltungspersonal, die es aus irgendwelchen Umständen geschafft hatten, in Berlin zu überleben. Man umarmte sich stürmisch. Doch ich hatte keine Gemütsbewegung. In mir war etwas zerbrochen, ich empfand alles als ein Schauspiel und war gar nicht anwesend.

Die Oberin nahm mich mit auf ihr Zimmer, während die Patienten im Siechenheim und Schwesternheim aufgeteilt wurden. Die Oberin Lisa Salinger war rührend zu mir, was mir erst später aufging, denn mein Herz war kalt und empfand keine Wärme mehr. Sie fragte mich nach meinen Zukunftsabsichten. Ich gab ihr gleich zu verstehen, dass ich im Krankenhaus nicht mehr arbeiten mochte und mir draußen als freie Schwester eine Wohnung suchen wollte. Sie meinte, wir würden uns darüber noch einmal unterhalten, zunächst sollte ich mir ein kleines Zimmer im obersten Stockwerk des Schwesternheimes aussuchen, leider wären nur noch diese Zimmerchen mit schrägen Wänden frei. Ich dachte bei mir, wenn du in Theresienstadt gewesen wärest, hättest du dieses Bedauern nicht ausgedrückt.

Ein eigener kleiner Raum bedeutete für mich ein Palast. Das Dachzimmerchen wurde von einer Stationshilfe für mich hergerichtet. Nachdem ich ein Bad genommen hatte, legte ich mich ins Bett, und dann kamen die erlösenden Tränen, und ich weinte mich in den Schlaf.

Morgens klopfte es an meiner Tür, und ein Mädchen brachte mir das Frühstück. Ich war sprachlos, dass es so etwas noch gab, das hatte ich total vergessen. Gleich nach dem Frühstück fuhr ich nach Charlottenburg. Dort war ich geboren, und dort wollte ich auch vorübergehend wohnen. Als Wohnungssuchende ließ ich mich auf dem Wohnungsamt eintragen. Nun wollte ich in den Norden Berlins, in die Schwedterstraße; sie gehörte jetzt zum sowjetisch besetzten Teil. Teils fuhren Straßenbahnen, teils musste man laufen. Ich irrte umher und fand endlich die Schwedterstraße. Wo war unser Haus geblieben? Alles war ausgebombt, man sah überhaupt nichts mehr.

Eine ältere Dame, die mir entgegenkam, gab mir Auskunft. Sie sagte, schon 1943 wäre die ganze Schwedterstraße zerstört worden, und es hätte viele Tote gegeben. Ich ging zum Bezirksamt. Dort hinterließ ich meine Adresse, falls sich eine Margareta Pohlmann melden sollte. Noch immer wollte ich nicht wahrhaben, dass die Mörder meine gute Mutter umgebracht hatten.

In den nächsten Tagen sah ich mich im Krankenhaus um. Ich traf Kolleginnen, die auch, obwohl sie in Berlin geblieben waren, viel durchgemacht hatten. Einige von ihnen waren auch untergetaucht und hatten ständig mit der Angst gelebt, entdeckt zu werden. Ich sah ein, dass ich eigentlich nur hier leben konnte, weil ich Schicksalsgenossen hatte. Draußen hätte ich mich bei jedem gefragt, warst du auch ein Nazi, bist du auch am Tode meiner Mutter schuldig? Wenn es auch nur noch einen kleinen Teil der Juden oder Mischlinge im Jüdischen Krankenhaus gab, so waren doch noch einige da, mit denen man Kontakte haben konnte.

Das Krankenhaus war jetzt zu neunzig Prozent aus der Bevölkerung belegt, und damals betrug der Anteil der jüdischen Patienten vielleicht zehn Prozent; genauso war es bei dem Pflegepersonal und bei den Ärzten. Durch Auswanderung verringerte sich die Anzahl der Juden immer mehr, und heute sollen es nur noch ein bis zwei Prozent sein.

Nach zwei Wochen ging ich zur Oberin und teilte ihr meinen Entschluss mit. Sie freute sich sehr und meinte, dass ich doch das Schwesternheim als mein Zuhause ansehen solle und dass sie mir immer zur Seite stehen würde.

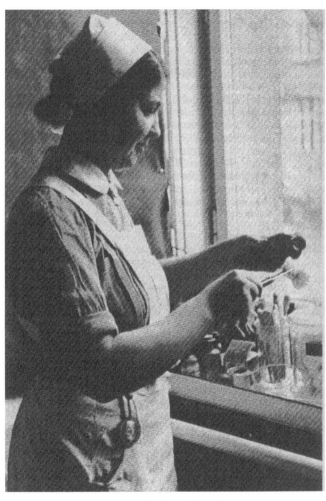

Stationsschwester im Jüdischen Krankenhaus

Noch zwei Wochen hatte ich Urlaub und wurde dann als stellvertretende Oberschwester auf die Innere Abteilung eingeteilt. Die Oberschwester war auch in Theresienstadt gewesen. Sie war noch immer voller Hass gegen alle Deutschen. Das ließ sie auch die Patienten fühlen, was mich mit der Zeit immer mehr abstieß. Oft war die Oberschwester krank oder hatte nachmittags mit Freunden Kaffeeklatsch, so dass ich ständig die Station leitete. Unter mir hatte ich fast ausschließlich nichtjüdische Schwestern und Pfleger.

Ich bemühte mich, objektiv, doch ohne Annäherungsversuche mit ihnen zu verkehren. Bald interessierte mich das gesamte Personal der Station. Da gab es einen Hilfspfleger, der vorher Fabrikarbeiter war. Er hatte als Infanterist den Krieg an der Ostfront mitgemacht. Ein Jahr vor Kriegsende hatte er von den schrecklichen Grausamkeiten gegenüber den Juden gehört. Er entschloss sich, auf seine persönliche Art Wiedergutmachung zu leisten, nicht ahnend, dass auf einer Station von fünfzig Patienten vielleicht zwei bis fünf Juden waren. Egal, er war rührend um alle besorgt. Wenn ich ihn beobachtete, sagte ich mir immer, das ist ein wirklich guter Mensch.

Dann gab es da eine ältere Schwester, Minna; ich erfuhr, dass sie schon vor der Nazizeit im Jüdischen Krankenhaus gearbeitet und während der Nazizeit Juden bei sich beherbergt und von ihrer Markenration beköstigt hatte. Das hat es also auch gegeben, und ich wurde sehr nachdenklich.

Von Kari erhielt ich Post. Auf der Reise zu mir wäre er in Dresden zurückgeschickt worden. Ich sah das als Fügung an, denn mein Leben entwickelte sich jetzt in anderen Bahnen. Mein ehemaliger guter Freund Dr. W., der sich sehr gefreut hatte, mich wiederzusehen, wurde sehr krank und starb. Das bedeutete große Trauer für mich. Ich weinte um die wenigen schönen Stunden der

Vergangenheit, die sich in mein Gedächtnis eingeprägt hatten. Diesem Freund hatte ich ja auch mein Leben zu verdanken.

Meine Freundin Ursel 1946

Langsam löste sich die innere Starre meines Hasses. Jetzt stellten sich auch die ehemaligen Freundinnen ein. Da kam als erste meine geliebte ehemalige Lehrerin Emmy Krafft, die mich damals auch im SS-besetzten Auffanglager besucht hatte. Mit Rührung umarmten wir uns. Sie sagte mir, dass ich von nun an ihr Zuhause als mein Elternhaus ansehen solle, und wie eine Mutter würde sie mir immer zur Seite stehen. Sie bot mir auch das Du an.

Wenig später kam meine ehemalige Mitschülerin und Freundin Ursel. Sie hatte unendlich viel durchgemacht. Ihr Mann war gefallen, und sie stand mit zwei kleinen Kindern allein da. Die Wohnung war völlig ausgebombt. Ein altes Fotoalbum, das ich ihr zur Aufbewahrung gegeben hatte, schleppte sie ständig in den Bombennächten mit sich in den Keller. Strahlend übergab sie mir das Album und dazu ein winziges Päckchen. Als ich es öffnete, war ein goldener Ring mit einem Brillanten darin. Schlicht sagte sie, dass dies der einzige Wertgegenstand sei, der ihr übriggeblieben wäre, ein Geschenk von ihrem Mann. „Den Ring sollst du haben als Ausdruck der Freude und Dankbarkeit, dass du zurückgekommen bist."

Auch Rita und ihr Mann Eugen stellten sich ein. Dazu muss gesagt werden, dass es damals sehr schwierig war, innerhalb Berlins oder aus der Peripherie Besuche zu machen. Es gab nur wenige Verkehrsmittel, die ständig überfüllt waren und oft nur kurze Strecken und in großen zeitlichen Abständen unpünktlich fuhren. Viele Kilometer mussten immer gelaufen werden.

Die ehemalige Nachbarin, Frau Jagdmann, erschien. Sie fiel mir um den Hals, und schluchzend sagte sie: „Hildchen, wir waren verbohrt, dieser Lump Hitler hat uns enttäuscht und ins Elend geführt. Deine gute arme Mutter musste in den Tod gehen. Wir haben nichts gewusst und fühlen uns jetzt mitschuldig." Trösten konnte ich sie nicht, verurteilen auch nicht. Sie war gut zu uns gewesen, ihre Dummheit hatte sie in die Nazifänge getrieben. Einige Monate später kam ihr Mann zu mir und bat mich um eine Bescheinigung. Vom Polier war er zum einfachen Arbeiter auf dem Bau zurückgestuft worden. Wahrheitsgemäß bescheinigte ich ihm, dass er uns nie behelligt hatte und dass wir durch seine Aussage bei der politischen Bezirksleitung in der Wohnung bis zum Abtransport wohnen bleiben konnten.

In mir nagte aber etwas, was mir keine Ruhe ließ. Ich musste den Mann ausfindig machen und zu Fall bringen, der damals als politischer Leiter meine Mutter grundlos angezeigt und so ihre Ermordung verschuldet hatte. An einem freien Tag ging ich zum Polizeipräsidium. Ich erfuhr seine Adresse, die in Ostberlin war, daher war die Ostpolizei zuständig. Dort sagte man mir, dass gegen Arthur Richter schon viele Anzeigen vorlägen. Es wäre jetzt an der Zeit, ihn festzunehmen. Eine Woche später bekam ich von der Polizei am Alexanderplatz die Mitteilung, dass er einen Tag, bevor er verhaftet werden sollte, sich nach Niedersachsen abgesetzt hätte. So schrieb ich an die dortigen Behörden. Es wurde mir mitgeteilt, dass er bei der Vorladung alle Beschuldigungen von sich gewiesen hätte, daraufhin wäre das Verfahren eingestellt worden. Ich war sehr empört darüber und wollte mir einen Anwalt nehmen. Von vielen Seiten hat man mir aber abgeraten, es würde nichts dabei herauskommen. Ich resignierte.

Ein großes Nachkriegsereignis war damals das Konzert Yehudi Menuhins und Furtwänglers in Berlin. In

Israel hat man Menuhin diese gemeinsame Aufführung mit Furtwängler sehr verübelt. Das gesamte Personal des Jüdischen Krankenhauses wurde zur Generalprobe eingeladen – ein unvergessliches Erlebnis!

Meine damalige Oberschwester, eine Laborantin und die Frau eines Arztes, der auch von den Nazis umgebracht worden war, fingen eine Freundschaft mit drei Männern an. Sie gehörten zum sogenannten Baubüro des Jüdischen Krankenhauses. Da die drei Frauen alle Care-Pakete bekamen, konnten sie große Gelage abhalten. Nachmittags war die Oberschwester fast nie auf der Station. Es empörte mich damals sehr, dass nach allem, was geschehen war, man mit Deutschen so befreundet sein konnte...

Ich arbeitete weiter auf der Inneren Abteilung. Inzwischen war das Personal des Krankenhauses zu einer Gemeinschaft zusammengewachsen, wir kannten uns fast alle. Da war der Medizinalpraktikant Schmidt, der heute Chefarzt der Psychosomatischen Abteilung ist. Da war Frau Dr. Wechmann, die im Operationssaal arbeitete und heute eine eigene Praxis hat. Sie heiratete Herrn Graf, damals auch Medizinalpraktikant, heute Chefarzt der Chirurgie im Jüdischen Krankenhaus. Da war Dr. Loevy, der zusammen mit Dr. Lazarus auf unserer Inneren Abteilung arbeitete. Dr. Loevy hatte ein sehr tragisches Schicksal. Schon als kleiner Junge kam er ins KZ, seine Familie wurde völlig ausgerottet, als einziger hat er die Gräuel überstanden. Er war medizinisch äußerst interessiert und bildete sich allein weiter, so dass er die Qualifikation eines Arztes besaß und auf unserer Station als Assistenzarzt arbeitete. Er heiratete eine Kollegin von mir. Sie bekamen einen kleinen Jungen und waren eine glückliche Familie. Eines Tages bekam Albert Loevy als einziger des ganzen Bezirks Wedding Kinderlähmung. Leider sind die Lähmungen bis zum heutigen Tag nicht zurückgegangen. Seine Frau muss ihn an- und ausziehen, ins Bett tragen etc. Trotzdem ist es bewundernswert, was er aus seinem Leben gemacht hat. Vom Rollstuhl aus hat er alle EKGs des Hauses diktiert und diagnostiziert und auch Schwesternunterricht gegeben. So oft fragte man sich, warum Gott dieses Unglück über diesen Menschen gebracht hatte, der schon so viel erleiden musste. Doch wenn man sein Leben betrachtet, muss man doch sagen, dass es ein erfülltes Leben war. Je älter ich werde, desto mehr sehe ich ein, dass man Gott nicht nach dem „Warum" fragen kann. Wir können mit unserem begrenzten Verstand nicht alles ermessen und erklären wollen.

Inzwischen hatten wir schon das Jahr 1947. Die Bevölkerung hungerte, die Lebensmittelkarten reichten nicht aus, und überall wurde nur vom Essen gesprochen. Uns ehemaligen Verfolgten ging es besser, weil wir Care-Pakete bekamen. Was konnte man sich alles mit den inliegenden Zigaretten kaufen! Aus früherer Zeit kamen plötzlich viele sogenannte Freunde, die von mir genau das bekamen, was ich in der Nazi-Zeit von ihnen erhalten hatte.

Hochzeit und drittes Leben

Auf der Inneren Station bekamen wir einen neuen Stationsarzt. Er war groß, blond, sah aber sehr elend aus. Da er vorher in einem Krankenhaus für natürliche Heilweisen gearbeitet hatte, wollte er bei uns die gleiche Therapie anwenden. Jeder zweite Patient bekam einen Umschlag auf den Bauch, und viele sollten eine Gummiwärmflasche bekommen. Da wir auf der Station kaum Wäsche und nur zwei Thermophore besaßen, war das für die Schwestern äußerst schwierig. Es mahnten aber die Patienten. Die Schwestern kamen dann zu mir und beklagten sich über die Therapie. Daraufhin sprach ich mit dem Arzt, und seine Antwort lautete: „Ich dachte, dass wir hier ein Krankenhaus wären."

Das ließ ich mir nicht bieten. Ich ging zur Oberin. Sie gab mir den Rat, dass ich, falls er auf meinen Einwand keine Rücksicht nähme, zum ärztlichen Direktor gehen solle. Nun änderte er aber seine Therapie. Unser Verhältnis war zunächst sehr frostig. Wenn die Oberschwester morgens da war, zweigte sie für ihn immer etwas dünne Haferflockensuppe von den Magenpatienten ab. Ich beobachtete, wie er sie ziemlich gierig aß.

Als wir einmal allein beim Frühstück im Schwesternzimmer saßen, tat er mir plötzlich sehr leid. Er wirkte so einsam, ausgehungert und unglücklich. Ich bot ihm eine Tasse von meinem Bohnenkaffee an. Freudig trank er das für ihn kostbare Getränk. Nach und nach entwickelten sich Kontakte zwischen uns, und im Februar 1949 heirateten wir. Als ich die Nachricht Tante Jenny und Onkel Martin mitteilte, bekam ich einen langen Brief, der mich sehr nachdenklich machte. Die Tante schrieb:

„Denkst du denn nicht an meine Schwester, deine geliebte Mutter? Wie kannst du nach allem, was geschehen ist, einen Deutschen heiraten. Wir können das nicht verstehen und sehen das als schwarzen Tag in unserer Familiengeschichte an."

Inzwischen erwartete ich ein Kind von ihm. Das wäre kein Grund gewesen, mich nicht noch von ihm zu lösen. Doch ich dachte an die Zukunft. Sollte denn der Hass immer weitergehen! Sollte er unser Leben bestimmen? Musste es nicht Menschen geben, die zur Versöhnung bereit waren? Friedrich von Schiller sagte: „Bezwingt des Herzens Bitterkeit, es bringt nicht gute Frucht, wenn Hass dem Hass begegnet."

Mein Mann Friedrich stammte aus einem erzkatholischen Elternhaus. Er war der einzige Sohn, das heißt, er hatte einen Stiefbruder, den der Vater vorehelich mit einer anderen Frau hatte. Wegen dieses sogenannten Fehltritts fühlte sich der Vater zeitlebens schuldig, und so wurde die Religion für Vater und Mutter der Hauptbestandteil des täglichen Lebens. Nach Ansicht meines Friedrich war aus der Frömmigkeit ein Zerrbild geworden, das ihn als jungen Menschen sehr abgestoßen hat. Zu seinem zehn Jahre älteren Bruder, der auch das Abitur und einen leitenden Posten bei der Bewag Berlin hatte, war das Verhältnis immer gut gewesen. Friedrich sah zu seinem Bruder auf und holte sich manchen Ratschlag von ihm. Die Eltern meines Friedrich hatten den Nationalsozialismus sehr gehasst und gingen nach wie vor in ihre Kirche. Zum Abitur musste Friedrich, wie alle Schüler, organisiert sein. Gleich danach trat er wieder aus. Sehr schnell absolvierte er das Medizinstudium und wurde im Krieg zuerst an die Westfront und dann

104

an die Ostfront geschickt. Wie ich hatte er oft einen Schutzengel an seiner Seite.

Unsere Hochzeit 5. 2. 1949

Nach unserer Hochzeit, die bei meiner Lehrerin Frl. Krafft äußerst primitiv ausfiel, uns aber sehr glücklich machte, wohnten wir weiter im Jüdischen Krankenhaus. Ich war inzwischen Oberschwester der Kinderstation geworden. Diese Arbeit gab mir große Befriedigung. Dazu kam, dass ich den Chefarzt Dr. Rosenberg sehr verehrte. Bald musste ich meine Tätigkeit aufgeben, da im Juli 1949 unsere Tochter Monika geboren wurde. Für die paar jüdischen Angestellten des Krankenhauses war das „ihr" Kind, und alle waren rührend zu uns. Man holte die Babywäsche morgens seitens der Wäscherei ab, und abends lag sie frisch gewaschen wieder vor meiner Tür. Wenn Monika im Laufställchen unten im

Garten stand, wurde von allen umliegenden Fenstern aufgepasst. War etwas nicht in Ordnung, wurde ich sofort angerufen.

Friedrichs Eltern waren aber nicht glücklich über die Heirat, weil er keine Katholikin geheiratet hatte. In jedem Brief kam das zum Ausdruck. Da dachte ich bei mir, ob ich die alten Leute nicht froh machen und zu ihrem Glauben übertreten sollte? Mir war das doch egal. Ich hatte am jüdischen und christlichen Religionsunterricht in der Schule teilgenommen und fand gar keinen Unterschied. Außerdem sagte ich mir, dass es für eine Familie besser wäre, wenn alle einer Religionsgemeinschaft angehören würden. Friedrich war dagegen und beteuerte immer wieder, dass es ihm lieber wäre, wenn ich Jüdin bliebe. Auf keinen Fall wollte ich aber einen Bruch mit den Eltern, und so trat ich 1950 zum katholischen Glauben über. Mein Herz ist aber traditionsgemäß im Judentum verhaftet. Ich bin auch sehr froh, dass es den Staat Israel gibt! Hätten wir damals einen Staat gehabt, hätte Hitler sein Vernichtungswerk an den Juden nicht vollbringen können.

Friedrich drängte in die Praxis. Wir besaßen beide nichts und fingen sehr armselig an. In Lichtenrade fand sich ein sehr winziges Haus in der Nachbarschaft von Frl. Krafft, die später von unseren Kindern zur „Omi" ernannt und von ihnen abgöttisch geliebt wurde. Als unser Planwagen mit dem Umzugsgut vor dem Häuschen hielt, sahen die Nachbarn neugierig aus den Fenstern. Sicher bekamen sie Mitleid mit dem neuen Doktor: alte Küchenmöbel, eine alte Kommode, der die untere Schublade fehlte, und andere geschenkte oder billig erworbene Möbel wurden abgeladen.

Mein Mann machte mit dem Fahrrad, an dem noch die Beleuchtung fehlte, seine Besuche. Inzwischen lief die Wiedergutmachung an. Gegen dieses Wort „Wiedergutmachung" sträubt sich mein Inneres. Die Wiedergutmachung war ein Almosen. Ich bekam DM 1.500 als Erbin für den Tod meiner Mutter, Wiedergutmachung für zwei ein Viertel Jahre Konzentrationslager, Wiedergutmachung für Gesundheit und Seelenschaden. Mit Geld wollte man die zwölf verlorenen Lebensjahre abgelten. Man bekam die Wiedergutmachung auch nicht ohne Weiteres. Man musste Entwürdigendes über sich ergehen lassen.

Unser Haus in Berlin-Tempelhof
Unser Häuschen im Markgräfler Land

Man musste nachweisen, dass man wirklich die Existenz verloren, dass die Wohnung mit Mobiliar beschlagnahmt worden war; Ärzte untersuchten, ob ein Leiden mit der Verfolgung in Zusammenhang stand. Es ist mir heute noch unverständlich, warum sich die Überlebenden des Grauens nicht dem Wort „Wiedergutmachung" widersetzt haben. Mit Geld kann man doch nicht Leben und Gesundheit wiedergutmachen!

Wir kauften uns einen alten DKW, der uns viel Ärger einbrachte. Er klapperte an allen Enden und brauchte viele Reparaturen. Das Gute daran war, dass mein Mann bei Regenwetter nicht mehr nass wurde…

1951 wurde unsere zweite Tochter Renate geboren. Bis ich wieder mit meinem Mann zusammenarbeiten konnte, stellten wir eine Sprechstundenhilfe ein. Für die Kinder bekam ich später von der Caritas eine Hilfskraft zugewiesen, die sich als Morphinistin herausstellte. Eine alte Nenntante, Freundin meiner Mutter, kam jeden Tag aus Pankow, um uns den Haushalt zu führen. Meist gab es Grobgemüse mit Talg zum Mittagessen.

Da sich die Praxis durch die damalige dünne Besiedlung Lichtenrades nicht mehr erweitern konnte, bewarben wir uns nach Tempelhof. Obwohl wir schon eine sehr schöne Wohnung in Aussicht hatten, lehnte der Zulassungsausschuss unsere Praxiseröffnung ab, mit der Begründung, es gäbe schon zu viele Ärzte in der Manteuffelstraße, Tempelhof. Einige Monate später bewarben wir uns noch einmal. Jetzt bekamen wir die Zulassung als „Praktischer Arzt" (mein Mann war Internist), doch nun fehlte uns eine Wohnung. Durch Beziehungen bekamen wir eine 2½-Zimmer-Wohnung und fingen dort 1953 mit der ärztlichen Sprechstunde an. Es war sehr eng. Ein Zimmer war das Sprechzimmer, die Diele der Warteraum, ein Zimmer war Wohn- und Schlafzimmer für uns, das halbe Zimmer hatten die Kinder mit einem Kindermädchen. Nach zwei Jahren konnten wir im Nachbarhaus eine Wohnung ausbauen, so dass nun Praxis und Wohnung getrennt waren.

Die Patientenzahl nahm immer mehr zu, und wir konnten uns 1959 ein altes Häuschen am Bundesring in Neu-Tempelhof über eine Bausparkasse kaufen. Das Haus war stark kriegsbeschädigt, ohne Zentralheizung, und wir mussten noch viel Geld hineinstecken.

Aber immer nahmen wir das Billigste, was sich später als schlechte Planung herausstellte. Wir hatten eine schöne Gegend, einen Garten, und waren glücklich. Die Kinder konnten in Licht, Luft und Sonne groß werden.

Die Schule war am Ende der Straße, fünf Autominuten nur zwischen Praxis und Wohnung. Zwanzig Jahre lebten wir glücklich und zufrieden dort.

In der Praxis hatten wir eine Sprechstundenhilfe, ich musste inzwischen die vielen alten Freunde und Verwandten versorgen. Da war Tante Emmi aus Pankow; Tante Agnes, eine weitläufige angeheiratete Verwandte; da war die Oma, Friedrichs Mutter, die ich bei uns bis zum Tode gepflegt habe; die „Omi", meine ehemalige Lehrerin; Tante Jenny, die mit Onkel Martin aus Israel ins jüdische Altersheim, Iranische Straße, gekommen waren (Onkel Martin, der nach der Tante starb); da waren Friedrichs Tanten Tilly und Ida. Kreuz und quer fuhr ich mit meinem Volkswagen Käfer durch Berlin und brachte allen Wäsche, Suppe und andere gewünschte Dinge.

In Jahre 1979 ging Friedrich in den Ruhestand. 1978 hatten wir uns schon im Markgräfler Land ein kleines Reihenhaus gekauft, in das wir im April 1979 einzogen. Hier leben wir ruhig in einer schönen Gegend, haben viele Kontakte, wandern mit dem Schwarzwaldverein und genießen unser Rentnerdasein. Es fehlen uns nur die Töchter und Enkelkinder, die in Berlin geblieben sind. Monika ist Ärztin geworden, hat vor zehn Jahren einen Neurologen geheiratet und hat einen fünfjährigen Jungen und ein siebenjähriges Mädchen. Renate ist Diplom-Psychologin und examinierte Krankenschwester, im vorigen Jahr heiratete sie, Anfang dieses Jahres bekam sie ein Baby.

Mein Mann und ich haben viel durchgemacht und viel erlebt. Rückblickend war es ein erfülltes Leben. Wenn wir die Augen für die Ewigkeit schließen, so sollt Ihr Euch, liebe Töchter Monika und Renate, und Ihr, liebe Enkelkinder Sarah, Tibor, Miriam und Sonja, ein Bild von Euren Eltern bzw. Großeltern machen können.

Tochter Monika 1980   Tochter Renate 1983

Miriam 1 ¾ Jahre, Tibor 1984, Sarah 1983

Nachwort Renate Bürger

Ich bin ein Kind einer Überlebenden des Holocaust.
Meine Mutter hat so vieles überlebt:

Den unvorstellbar großen Hunger, einen Hirntumor, Tuberkulose, schreckliche Demütigungen und nicht zuletzt den Transport nach Auschwitz, den sie als einzige von ca. 2.500 Menschen überlebte.

Was für ein starker Lebenswillen!

Sie erklärt dies so, dass sie ihrer über alles geliebten Mutter später eine Stütze sein wollte. Als sie kurz nach dem Krieg von deren Ermordung erfuhr, zerbrach etwas in ihr... Sie unternahm zwei Selbstmordversuche ... und ihr Herz öffnete sich nie mehr ganz.

Sicher war sie dankbar, einen guten Mann zu haben – bei dem sie sicher war, dass er nie Nazi gewesen war – noch dazu war er Arzt und sein Einkommen versprach, dass sie nie wieder an Hunger leiden würde. Auch war sie sicherheitshalber zum katholischen Glauben übergetreten, zum einen, weil die Eltern ihres Mannes großen Wert darauf legten und zum anderen – so erzählte sie mir –, dass da die irrationale Furcht war, dass wenn ein „zweiter Hitler" käme, sie und ihre Familie geschützt wären. Für ihre beiden gesunden Töchter Monika und mich war sie auch sehr dankbar, für eine „normale" Familie, später auch für ein Haus mit einem Garten.

Fröhlich lachen konnte sie nicht mehr. Stets waren da die Ängste, es könnten Katastrophen passieren. Ihr Vertrauen ins Leben war zerbrochen. Oft war unsere Mutter krank, Magengeschwüre in jedem Frühjahr und Herbst, mehrere Operationen... Unser Vater pflegte dann zu meiner Schwester und mir zu sagen: „Lasst die Mutti in Ruhe. Sie hatte es so schwer." Ich fühlte mich dann immer schuldig und dachte, ich hätte meine Mutter zu sehr beansprucht. Was „es schwer haben" bedeutete, verstand ich nicht. In unserer Familie fiel so gut wie nie ein Wort über den Holocaust. Auch nicht über das Judentum, viel wurde jedoch über Israel gesprochen.

Wenn mich Mitschüler nach jüdischen Festen befragten, schämte ich mich, da ich mich mit ihnen nicht auskannte. Ich wusste zwar, dass meine Mutter im KZ Theresienstadt war und dass meine Oma von den Nazis ermordet wurde, viel mehr wusste ich nicht.

Erst als meine Schwester und ich längst ausgezogen waren und schon eigene Kinder hatten, schrieb Mutter die vorliegende Biografie. Ganz wunderbar, dass sie sich endlich traute, von dieser dunklen Zeit zu sprechen. Als Zeitzeugin wurde sie von Schulen eingeladen, und sie war stolz, den Schülern aus ihrem Buch vorzulesen. Für sie war das ein großer Befreiungsschlag. Sie durfte stolz auf sich sein!

Für uns Töchter kam diese Offenheit leider sehr spät. Natürlich freuten wir uns, dass wir endlich mehr über Mutters Vergangenheit erfuhren, und auch über ihren Erfolg als Zeitzeugin. Wir hätten es als Kinder und Heranwachsende leichter gehabt und mehr Verständnis für sie entwickelt, wenn wir früher mehr von ihrer Geschichte erfahren hätten. Ich habe ihr Buch schon so oft gelesen, entdecke immer wieder etwas Neues, und bin jedes Mal tief berührt.

Mit Mitte 70 senkte sich gnädiges Vergessen über Mutter und Vater, fast gleichzeitig. Man nannte es Alzheimer-Demenz. Zur Jahreswende 1996/97 holten meine Schwester und ich die Eltern aus Bad Krozingen zurück nach Berlin, wo sie direkt am schönen Lietzensee zwei kleine Zimmer in einem Seniorenheim bewohnten und gut versorgt wurden. Wir besuchten sie dort sehr oft.

Mein Vater starb 1999, die Mutter 2002, 10 Tage vor ihrem 86. Geburtstag.

Mutter lebte in ihren letzten Lebensjahren immer mehr in der Zeit vor dem Krieg, als sie noch lebendig und glücklich war. Sie sprach mit ihrer imaginären Mutter und Großmutter und verhielt sich wie ein Kind.

Hilde und Friedrich Bürger nach der Rückkehr nach Berlin

Bei ihrem Tod, an einem strahlenden Tag im Mai, saßen meine Schwester und ich am Bett unserer kleinen und schmalen Mutter und lauschten ihren stockenden Atemzügen. Unerwartet kam meine jüngere Tochter Sonja und setzte sich zu uns. Plötzlich setzte sich Mutter mit einem derart gequälten Gesichtsausdruck auf, dass wir uns sehr erschraken. Dann sank sie zurück, ihr Gesicht entspannte sich und sie atmete nicht mehr ein... endlich Stille und Frieden.

Ich bin meinen beiden Töchtern Miriam und Sonja sehr dankbar, dass sie sich für die Heilung unserer Familie einsetzen, indem sie die Ahnen anschauen. Und besonders Sonja für ihren Einsatz für eine Neuauflage des Buches ihrer Großmutter Hilde.

Renate Bürger, Berlin 2020

Nachwort Sonja Knüppel

Im Jahr meiner Geburt, 1984, hat Hilde Bürger ihre Biografie in der Gutenbergdruckerei herausgebracht. Fünfunddreißig Jahre später möchte ich hiermit meinen Teil der Geschichte an den meiner Großmutter fügen.

Ich erinnere mich nur noch dunkel daran, das Buch meiner Großmutter das erste Mal im Alter von dreizehn oder vierzehn Jahren gelesen zu haben. Omi, wie ich und meine Schwester Miriam sie nannten, war zu dieser Zeit bereits wieder in ihrer Geburtsstadt Berlin angekommen, nachdem sie viele Jahre mit ihrem Mann im Markgräflerland in Bad Krozingen gelebt hatte. Allerdings kam sie nicht freiwillig. Sie brach sich im Winter 1998 ein Bein und so entschieden meine Mutter und meine Tante, ihre beiden Töchter, dass sie und ihr Mann nach Berlin ins Altersheim kommen sollten. Zu diesem Zeitpunkt litten sie und mein Opa bereits an Alzheimer. Meine Mutter und meine Tante besuchten sie regelmäßig; meine Schwester und ich besuchten sie hauptsächlich an Feiertagen und Geburtstagen. Dass wir kaum öfter da waren, lag vor allem daran, dass sie uns nicht erkannte.

Mit ungefähr siebzehn Jahren hörte ich zum ersten Mal etwas von einer Reise nach Israel für junge Menschen mit jüdischen Vorfahren. Da ich mich damals wie heute in keinen jüdischen Kreisen wie einer Gemeinde oder ähnlichem bewegte, vergaß ich diese Information wieder. Kurz vor meinem sechsundzwanzigsten Lebensjahr arbeitete ich eine Zeitlang während meines Studiums der Europäischen Ethnologie im Jüdischen Museum und einer meiner Kollegen konnte mir, was die Reise betraf, weiterhelfen. Ich bewarb mich online. Die

Geburtsurkunde meiner Mutter und meiner Großmutter sollte ich der Organisation auf dem Postweg zukommen lassen. Da keine Geburtsurkunde meiner Großmutter mehr vorhanden war, schickte ich einen Eintrag aus dem Familienbuch. Mir war zu diesem Zeitpunkt nicht bewusst, dass die Religionszugehörigkeit früher in Deutschland in der Geburtsurkunde vermerkt wurde und es so auch heute noch in der ehemaligen Sowjetunion ist, zumeist mit einem Eintrag „Vater / Mutter (je nachdem): Jude". Meine Nachweise für die Reise waren der Organisation nicht genug, da aus der Geburtsurkunde meiner Mutter und dem Familienbuch nicht hervorging, dass ich jüdisch sei. Ich schickte also Scans aus dem Buch meiner Großmutter per E-Mail. Darunter ein Scan der Überlebenden aus Theresienstadt mit der Nummer ihres Deportationszuges und ein Foto von ihr als Krankenschwester im Jüdischen Krankenhaus in Berlin mit dem unverkennbaren Davidstern an ihrem Schwesternkleid. Es fühlte sich komisch und absurd an, meine jüdische Abstammung mit Nazi-Dokumenten bzw. einem Opferstatus beweisen zu müssen.

Letztendlich hatte ich genügend Nachweise erbracht und im Juni 2012 flog ich dann über Frankfurt mit 30 anderen Teilnehmer*innen nach Israel. In Israel fand ich heraus, dass ich die einzige Teilnehmerin war, die in Deutschland geboren war. Ein Großteil kam aus der Ukraine und lebte seit der Kindheit über die Bundesrepublik verteilt. Ich sei die einzige „Bio-Deutsche" gewesen, sagte ich zu meiner Dozentin an der Uni, die sich darüber herzlich amüsierte.

Kurz vor der Reise hatte ich beschlossen, meine Abschlussarbeit über das Phänomen dieser kostenlosen zehntägigen Reise mit dem Namen „Taglit – Birthright

Israel" zu schreiben, insbesondere über den Aspekt der Identität. Um an der Reise teilnehmen zu können, musste ich vorweg schriftlich versichern, dass ich „Jüdin" bin. Ich Jüdin? Was bedeutet das denn, jüdisch zu sein, fragte ich mich, da ich mit dem Judentum weder in meiner Kindheit noch in meiner Jugend in Berührung gekommen war – bis auf Omis Biographie, die das traurigste Kapitel Deutschlands im letzten Jahrhundert auf eine ganz persönliche Weise beleuchtete. Das Wissen um ihre Erfahrungen während des Nationalsozialismus löste bewusst oder unbewusst eine Angst in mir aus, als ich erfuhr, dass wir diesen Abschnitt der Geschichte in der Schule im Unterricht behandeln würden. Ich befürchtete, in Tränen auszubrechen und mich vor meinen Mitschüler*innen bloßzustellen. Tatsächlich trat die Befürchtung auch ein, als meine Klasse eine Exkursion zur Gedenkstätte Sachsenhausen, einem ehemaligen KZ in der Nähe von Berlin, machte. Der Anblick der Öfen, die zur Menschenverbrennung dienten, rührte Vorstellungen an, meine Großmutter hätte verbrannt werden können. Die Tränen liefen mir über die Wangen und einige meiner Mitschülerinnen umarmten mich.

Auf der Reise wiederum hatte ich Bedenken, dass ich mich bloßstellen würde, da ich nur ganz elementares Grundwissen vom Judentum und seiner Geschichte und auch seiner Religion, ihren Feiertagen und Ritualen hatte. Da die Reise aber mitten ins Semester fiel und ich gar nicht die Zeit hatte, mich inhaltlich groß darauf vorzubereiten, stand ich auf einmal mit anderen Jugendlichen, alle zwischen 18 und 27 Jahre alt, auf dem Frankfurter Flughafen und freute mich auf die Reise. Dennoch war mir bewusst, dass ich nicht nur zum Vergnügen mitreiste, ich hatte Forschungsabsichten, die ich nicht aus dem

Blick verlieren wollte. Wir hatten jedoch ein sehr straffes Programm und ich kam kaum zum Schreiben. Unser Reiseleiter, Uriel Kashi, begleitete uns die nächsten zehn Tage durch das Land, ebenso wie unsere beiden Madrichim (Gruppenleiter) Roni und Anna. Wir waren mit einem Reisebus unterwegs und erkundeten zunächst von Tel Aviv aus den Norden des Landes. Es war eine sehr schöne Reise, und in den darauffolgenden Tagen besichtigten wir viele interessante Orte, darunter auch in die internationale Holocaust-Gedenkstätte Yad Vashem in Jerusalem, wo ich das Buch meiner Großmutter abgab, damit es dort im Archiv einen festen Platz hat.

Im Mai 2011 kontaktierte ich zum ersten Mal die Koordinierungsstelle für Stolpersteine in Berlin, die mich an das zuständige Amt in Pankow verwies. Mein Wunsch war es, für meine Urgroßmutter Margareta Pohlmann, die 1942 deportiert wurde, einen solchen Stolperstein verlegen zu lassen.

Die Recherche dauerte länger als gedacht, denn außer, dass meine Urgroßmutter und meine Großmutter in der Schwedterstraße im Bezirk Prenzlauerberg aufwuchsen, hatte ich keine Information über den genauen Ort. Ich fand über das Vermessungsamt die Hausnummer heraus, allerdings stellte sich heraus, dass das Haus, wo meine Großmutter, meine Urgroßmutter und ihre Mutter in einer Einzimmerwohnung im Hinterhaus gelebt hatten, während des Krieges zerstört worden war.

Ich fand auch heraus, dass sie nach Raasiku / Estland deportiert wurde und nicht nach Riga, wie Omi ursprünglich in Erfahrung gebracht hatte.

Der Stolperstein wurde am 28. November 2012 in Anwesenheit von Familie und Freunden verlegt. Ich hielt eine kurze Rede und las auch einen Abschnitt aus dem Buch meiner Großmutter vor, der von dem letzten Telefonat handelte, welches meine Großmutter mit ihrer Mutter führte. Meine Tante bedankte sich im Anschluss bei mir und schrieb, dass dies ein Tag war, der in Erinnerung bleiben würde.

Heute, am 29. Juli 2020, haben meine Schwester und ich zum Gedenken an Margaretas Geburtstag den Stolperstein geputzt und aus ihrem Buch vorgelesen. Die Erinnerung bleibt in uns lebendig.

Sonja Knüppel, Berlin 2020

Nachwort Miriam Knüppel

Ich heiße Miriam. Ein jüdischer Name. Oma Hilde ist die Mutter meiner Mutter Renate. Margareta, meine Uroma, ist die Mutter meiner Oma Hilde. Max und Auguste Pohlmann, ihre Eltern, waren jüdische Deutsche.

Nach jüdischem Glauben bin ich Jüdin. Ich bin Jüdin. Bin ich Jüdin, auch wenn ich nicht religiös erzogen wurde?

Mir wurde in meiner Identität als Jüdin durch die deutsche Geschichte und die Schoah ein Konflikt mitgegeben. Vergangenheit. Vergangenheit. Vergangenheit. Geschichte.

Wo ist jüdische Gegenwart in Deutschland?

Es gibt sie. Aber sie ist leise. Versteckt sie sich? Wo zeigt sie sich? Wird sie gelebt?

Ich bin „stolz" auf meine jüdische Herkunft und Geschichte, bzw. auf meine Familie, auf meine Oma. Aber „stolz sein", als Deutsche, ist nicht ganz konfliktfrei. Als jüdische Deutsche auch, auf nochmal andere Weise.

Mein Opa Helmut Knüppel, der Vater meines Vaters, wanderte 1953 mit seiner Familie aus Nachkriegsdeutschland aus. Gemeinsam mit Anna Knüppel, meiner nichtjüdischen deutschen Oma. Sie wanderten nach Australien aus. 1953! Damals musste man sechs Wochen mit dem Schiff fahren, um diesen Kontinent zu erreichen. Australien warb zu dieser Zeit Arbeitskräfte an. Mein Opa Helmut war Maler- und Lackierermeister. Er arbeitete fleißig, um seiner Frau und seinen zwei leiblichen und zwei angeheirateten Kindern, die mit emigrierten, ein besseres Leben zu ermöglichen. Die beiden älteren Geschwister meines Vaters leben bzw. lebten mit ihren Familien und Nachkommen bis heute in Australien, in und nahe Melbourne und Brisbane.

Mein Vater, seine Schwester Silvia, mein Opa Helmut und meine Oma Anna kamen 1963 zurück nach Deutschland. Somit konnten meine Mutter und mein Vater Roger (geb. Rüdiger) Knüppel, sich in Berlin-Tempelhof auf der Oberschule kennen lernen. 1981 trafen sie sich zufällig wieder, verliebten sich, bekamen mich und dann meine Schwester Sonja und heirateten.

Warum erzähle ich all das? Ich fühle mich tief verbunden mit meinen jüdischen Wurzeln. Ich fühle mich auch sehr verbunden mit Deutschland, aber vor allem fühle ich mich verbunden mit den Geschichten von Migration und Diaspora. Ich fühle mich eher als Bürgerin... Europas? Dieser gesamten Erde! All unsere Geschichten sind verwoben. Wir sind eine einzige menschliche Spezies und nicht viele verschiedene Rassen, wie die Lügenpropaganda der Nazis es darstellte.

Ich bin im Konflikt und traurig über den Verlust gegenwärtiger jüdischer Kultur in Deutschland. Vielleicht muss ich noch mehr suchen? Vielleicht werden zu einigen Begegnungen, die ich bereits hatte, noch weitere hinzukommen, die mich mit meiner jüdischen Identität und Gegenwart noch weiter verbinden können.

Aber eigentlich wünsche mir noch mehr, dass ich mich mit Deutschland sich als meiner Heimat versöhnen kann. Vielleicht werden erst meine Enkel davon mehr erleben und ihre Enkel noch mehr.

Ich habe im September 2018 zwei Diagnosen erhalten. Ich habe eine Autoimmunerkrankung namens Myasthenia Gravis und damit verbunden eine Krebserkrankung. Die letzten zwei Jahre seither habe ich drei Operationen, Bestrahlung und Chemotherapie sowie ein paar andere Dinge mehr erlebt und zu verarbeiten.

Ich bin dankbar, zu leben. Ich bin dankbar für meine Familie. Ich bin dankbar für meine starke Oma Hilde, die das KZ überlebte. Ich bin dankbar für ihre Mutter Margareta „Grete", die 1893, 90 Jahre vor mir, geboren wurde und die ich leider nicht kennenlernen konnte.

Wer weiß, vielleicht wäre sie ja 104 geworden, wie eine andere jüdische Lady namens Martha Ettl, der ich im Kreise ihrer Familie begegnen durfte. Martha Ettl wurde 104 Jahre alt, trotz Erleben der Schoah, wie nicht wenige andere jüdische Menschen hatte sie eine starke Resilienz.

Ich bin dankbar, dass ich meine Uroma Grete über dieses Buch, durch die Erinnerungen meiner Oma, kennenlernen konnte, und ich glaube, ich bin ihr ein wenig ähnlich.

Auch bin ich dankbar, dass meine Schwester und meine Mutter so viel Kraft und Einsatz für die Neuverlegung dieser wertvollen Erinnerungen geleistet haben und somit auch indirekt für die Heilung der Wunden in unserer Familiengeschichte.

Jedes Menschenleben ist so kostbar, so komplex und so facettenreich.

Jedes einzelne Individuum auf diesem Planeten, das sterben muss durch menschlichen Hass, ist ein trauriger Verlust, und ich hoffe, wir Menschen lernen aus der Vergangenheit, aus den vielen schrecklichen Geschichten, die sich zugetragen haben.

Miriam und Sonja Knüppel reinigen den Stolperstein für ihre Urgroßmutter

Und zum Abschluss bitte ich die Kraft, die uns Menschen Hilfe schenken kann, darum, dass wir als Menschheit heilen dürfen.

Ich freue mich, diese sehr persönlichen Dinge mit Ihnen zu teilen, und danke mithin auch dir, dem Leser.

Miriam Knüppel, Berlin 2020

Begleitwort des Herausgebers

Ich habe mich mit dem Holocaust als Historiker vor allem aus tschechischer Perspektive beschäftigt – meine Wahlheimat ist seit 25 Jahren Nordböhmen. Über 500 Zeitzeugengespräche mit tschechischen Überlebenden konnte ich organisieren, pädagogisch begleiten und moderieren. Mit Mitarbeiter*innen habe ich zahlreiche Unterrichtsmaterialien erarbeitet und eingesetzt. Ein Film (*„Zeitzeugendialog – der Holocaust aus tschechischer Perspektive"*) und eine interaktive CD-ROM für den Einsatz im Unterricht entstanden parallel dazu. Darüber hinaus setze ich mich als Historiker, Übersetzer, Journalist, Lektor, Gutachter, Autor und Buchverleger dafür ein, dass die persönlichen Erinnerungen und Reflektionen dieser Überlebenden die Erinnerungskultur bereichern können und unauslöschbar sind. Drei Theresienstadt-Überlebende wurden auf meinen Vorschlag hin oder mit meiner Mithilfe als Gutachter mit dem Bundesverdienstkreuz ausgezeichnet. Zudem führe ich regelmäßig vor allem Schülergruppen durch die Gedenkstätte Theresienstadt.

Über 70.000 der mehr als 150.000 Häftlinge, die durch Theresienstadt gegangen sind, stammten aus Böhmen und Mähren. Aber an zweiter Stelle in der Statistik stehen Deutsche: mehr als 40.000. Im Holocaust-Plan der Nationalsozialisten erfüllte Theresienstadt für deutsche Häftlinge die Funktion eines „Altersghettos". An den katastrophalen Lebensbedingungen gingen Tausende nach wenigen Wochen zugrunde. Ein Projekt der nationalsozialistischen Lügenpropaganda war besonders perfide: die sogenannten „Heimeinkaufsverträge" für wohlhabende deutsche Juden. Gegen Zahlung von einer Million Reichsmark wurde ihnen ein „Zimmer mit Seeblick" im „Kurbad Theresienstadt" zugesichert. Nach ihrer Ankunft im „Kurbad" verloren diese Menschen ob der herrschenden Zustände, auf die sie in keiner Weise vorbereitet waren, in kürzester Zeit buchstäblich den Verstand.

Die deutsche Perspektive auf Theresienstadt ist mir nicht so vertraut wie die tschechische, ihre Zeugnisse aber kann ich vor dem geschilderten Hintergrund gut nachvollziehen, sachlich und literarisch einordnen. Etwa der unter dem Titel „*Inge und der gelbe Stern*" verfilmte Bericht Inge Auerbachers „*Ich bin ein Stern*" (Weinheim / Basel 1990) war vollkommen zu Recht ein vielbeachteter Publikationserfolg.

Hilde Bürgers Zeitzeugenbericht steht ihm in nichts nach, ist ausführlicher und dabei ebenso eindrucksvoll und ergreifend. In einer sehr schönen, zuweilen poetischen Sprache bestätigt, bereichert und ergänzt dieses Buch die mir bekannten Schilderungen von Holocaust-Überlebenden. Hilde Bürger schildert den Ablauf des Holocaust, wie sie ihn erlebt hat: Die vom NS-Regime ab 1933 getroffenen Maßnahmen gegen vollkommen unschuldige Menschen, darunter Millionen von Frauen und Kindern. Die schrittweise Diskriminierung, Entrechtung, Beraubung des Eigentums und der Erwerbsgrundlagen, den Ausschluss aus der Gesellschaft und schließlich die Deportation in Konzentrations- und Vernichtungslager oder zu Hinrichtungsstätten.

Hervorzuheben ist, dass Hilde Bürger ihre Schilderung nicht auf die NS-Zeit beschränkt, sondern auch ihre Kindheit und Jugend sowie die Zeit nach 1945 beschreibt. Meines Erachtens wird die Ungeheuerlichkeit des Vorgangs erst richtig deutlich, wenn ein erfülltes Leben in den Blick genommen wird. Die Verkürzung einer Biografie auf die Jahre der Verfolgung weist

126

den Betroffenen eine nicht zu rechtfertigende Außenseiterrolle zu und stellt überdies eine unfreiwillige Übernahme der Perspektive der Verfolger dar.

Es traf Menschen, die der nationalsozialistischen Ideologie zufolge nichts zu einem strahlenden, arischen „Dritten Reich" beitragen konnten: Juden, Sinti und Roma aus rassistischen Gründen, aber auch viele andere. In Theresienstadt trugen die Häftlinge noch ihre (nicht selten nach jahrelangem Lageraufenthalt vollkommen zerschlissene) Zivilkleidung, in anderen Konzentrationslagern wurden auf der an Schlafanzüge erinnernden Häftlingskleidung Dreiecke angebracht, die den jeweiligen Grund für die fehlende Eignung zum vollwertigen Mitglied der arischen Gesellschaft bezeichneten: Jude, Zigeuner, Kommunist, homosexuell, asozial, kriminell... Nicht wenige Häftlinge waren „mehrfach ausgezeichnet". Millionen Menschen, die sich nicht das Geringste hatten zu Schulde kommen lassen, wurden verfolgt, beraubt, tyrannisiert, gefoltert, ermordet.

Hilde Bürgers Biografie berührt und behandelt verschiedene viel diskutierte Punkte aus ihrer individuellen Sicht. Etwa die Solidarität unter den Häftlingen. Es gibt dazu sehr unterschiedliche Zeugnisse. Nicht alle sind vollkommen glaubwürdig. Zwar muss jedem Zeitzeugen zugestanden werden, sich vielleicht tatsächlich nur an positive Erfahrungen zu erinnern. Im Blick auf eine Fülle von Studien, Zeitzeugenberichten und Analysen scheinen mir schwärmerische Schilderungen von der „phantastischen Solidarität" unter den Häftlingen psychologisch durchaus nachvollziehbar – es geht nicht zuletzt darum, eine klare Grenzlinie zwischen Tätern und Opfern zu ziehen. Aber sie sind recht unwahrscheinlich. Für die nüchternere Betrachtung stehen exemplarisch die Schilderungen Primo Levis (*Die Atempause*, München / Wien 1991 und besonders *Ist das ein Mensch?* München / Wien 1991): Wenn es ums nackte Überleben geht, stirbt die Solidarität. Hilde Bürger spricht dies ganz offen aus und gesteht, einer tschechischen Mitgefangenen Brot gestohlen zu haben. Es steht niemandem zu, das zu verurteilen.

Zweimal (Seite 72 und 79) erwähnt Hilde Bürger die Tschechoslowakei, die es zu diesem Zeitpunkt gar nicht gab. Aus nachvollziehbaren Gründen war sie über den Verlauf der Ereignisse damals nicht im Detail informiert: Am 14. März 1939 hatte die Slowakei unter dem Druck Nazideutschlands die ungeliebte Partnerschaft mit den Tschechen aufgelöst und sich unter dem faschistischen, antisemitischen Tiso-Regime selbständig gemacht. Tschechien wurde am 15. März 1939 von Deutschland besetzt und zum „Protektorat Böhmen und Mähren."

Hilde Bürger hat es persönlich so wahrgenommen, dass die tschechischen Häftlinge in Theresienstadt privilegiert gewesen seien. Auch deshalb, weil der Ältestenrat tschechisch war. Sicher: Für die Tschechen war es schon sprachlich leichter, im Lager die zum Überleben wichtigen Kontakte zu knüpfen, für die deutschen Häftlinge war das schwieriger. Der Bericht der Tschechin Jana Renée Friesová (*Festung meiner Jugend*, Prag 2004, S. 91 f.) relativiert indes Hilde Bürgers Aussage. Friesová schildert die Ankunft in Theresienstadt.

„Endlich waren wir oben in einem unübersichtlich großen Raum. Man konnte nirgends hintreten, überall lagen oder saßen Menschen zwischen Koffern und Bündeln. (…) Niemand wich uns und jenen, mit denen wir kamen, aus. Keiner nahm uns auf seinen Strohsack. Mit dem Gefühl derer, die früher kamen, betrachteten sie uns als Eindringlinge. (…) Langsam wurden die beinahe unbegreiflichen Gefühle in Worte gefaßt. Wie gut es uns doch ging, daß wir noch eine Woche, noch einen Monat länger in unseren Betten schlafen konnten, wie gut wir aussahen, wahrscheinlich litten wir keine Not, wir hatten uns Nahrungsmittelvorräte mitgebracht und hatten gute, nicht zerrissene Kleidung an. Sie hatten ihre Vorräte schon aufgegessen, während wir… Wir schämten uns vor ihnen, ich erinnere mich genau an dieses Schamgefühl. Eine graue, häßliche alte Frau mit spärlichem Haar, die niemand kannte, warf uns laut vor, daß die Ankunft neuer Transporte immer den Transport der alten nach dem Osten bedeutet."

Die Forschung zur Oral History kennt viele Beispiele, wie unterschiedlich und individuell sich Menschen erinnern, die sich zur gleichen Zeit am gleichen Ort aufgehalten haben, sogar dann, wenn sie die genau dieselbe Situation erlebt haben. Zu betonen ist: Das bedeutet keineswegs, dass die eine Erinnerung „richtig", die andere „falsch" ist. Bei einer internationalen Konferenz der Stiftung „Erinnerung, Verantwortung und Zukunft" in Berlin saß ich neben zwei Buchenwald-Überlebenden. Auf dem Podium sprach ein weiterer Überlebender des Konzentrationslagers bei Weimar. Nach einigen Minuten sagte einer meiner Sitznachbarn zum anderen: „Wo will er gewesen sein? In Buchenwald? Niemals!" Die individuelle Wahrnehmung und Bewertung eines Erlebnisses nimmt entscheidenden Einfluss auf den Eintrag im Speicher der Erinnerung.

Anders als andere ehemalige Konzentrationslager wie Dachau, Sachsenhausen, Ravensbrück oder Auschwitz, die heute Gedenkstätten sind, entspricht die heutige Stadt Terezín (Theresienstadt) überhaupt nicht den Erwartungen der Besucher einer solchen Gedenkstätte. Es gibt keine Baracken, keine Wachtürme, keinen Stacheldraht, keine Erschießungsanlagen, keine Gaskammern (kurz vor Kriegsende war eine solche in Planung). Allein das Krematorium ist als Relikt der Lagerzeit erkennbar. Die Festungsstadt Theresienstadt aus der Habsburger Monarchie wurde damals als ganze zum KZ umfunktioniert. Zusätzliche Baumaßnahmen erübrigten sich: Was nach außen perfekten Schutz bietet, ist nach innen sehr leicht zu bewachen. Und es ist unauffälliger als ein Lagerkomplex.

Manche Stationen und Elemente der heutigen Dauerausstellung der Gedenkstätte Theresienstadt wirken ohne fachkundige Erläuterung auf den Besucher verstörend: etwa die sogenannten „Zeremonienräume" – ein jüdischer und ein christlicher (manche „Juden" erfuhren erst durch die Nazis, dass man sie aufgrund der Nürnberger Rassengesetze für solche hielt), in denen die Hinterbliebenen von Toten Abschied nehmen konnten. Oder ein jüdischer Betraum, in dem heimlich Gottesdienste abgehalten wurden. Und wohl mehr noch zahllose Zeugnisse einer unglaublichen gesellschaftlichen und kulturellen Aktivität der Häftlinge: Zeichnungen, Zeitschriften, musikalische und andere künstlerische Werke. In Theresienstadt gab es sogar eine Fußballliga, in der Meisterschaft und Pokal ausgetragen wurden. Meistens gewannen die Köche, weil sie sich etwas besser verpflegen konnten und nicht so stark durch den Hunger geschwächt waren.

Auch dem heutigen Ghetto-Museum, damals Knabenheim L 417, sieht man es nicht an, dass dort Franz Kafkas Lieblingsschwester Ottla kleine Jungen betreut hat – sie ist 1944 in Auschwitz ermordet worden. (Ich habe die erste über sie geschriebene Monografie: Petr

Balajka: *Ottla Kafka – Das tragische Schicksal der Lieblingsschwester Franz Kafkas*, Hamburg 2019" ins Deutsche übersetzt).

Vieles von dem, was auf Besucher der Gedenkstätte verstörend und unerklärlich wirkt, ist einerseits dem Umstand geschuldet, dass die ganze Stadt von November 1941 bis Mai 1945 ein KZ war, und andererseits den drei Funktionen, die Theresienstadt im Holocaust erfüllen sollte:

1. Sammel- und Durchgangslager für die jüdische Bevölkerung Böhmens und Mährens;

2. Altersghetto und Sammellager für Juden aus allen von den Nazis besetzten Ländern, vor allem aus Deutschland, und schließlich

3. eine Propagandafunktion.

Die SS versuchte ganz bewusst, sich den Umstand zu Nutze zu machen, dass Theresienstadt so gar nicht den anderen Konzentrationslagern glich. Auch trugen ja die Häftlinge dort noch ihre Zivil- und keine auffällige Häftlingskleidung. Nach einer aufwändigen „Verschönerungsaktion", in deren Verlauf Straßen umbenannt wurden und hübsche Namen wie „Brunnengasse" erhielten, Fassaden gestrichen, Spielplätze für Kinder, ein Musikpavillon, ein Kaffeehaus und Geschäfte eingerichtet wurden, besuchte eine Kommission des Internationalen Komitees des Roten Kreuzes Theresienstadt und wurde durch ein Potemkinsches Dorf geführt. Alles war inszeniert, Schwindel, nichts war echt. Nur ausgewählte, noch nicht von Unterernährung und Krankheit gezeichnete Häftlinge durften die Straßen betreten. Die Gäste besuchten das Zentralbad und eine Aufführung der Kinderoper „Brundibar". Sie sahen Menschen, die Sport trieben, anderen Freizeitaktivitäten nachgingen oder scheinbar ihre Kleingärten pflegten. Der Coup gelang. Maurice Rossel, ein unerfahrener, junger Schweizer, der die Rotkreuz-Kommission anführte, verfasste einen lobenden Bericht über die erfreulichen Lebensbedingungen an dem Ort des Sterbens, der ihm als „Jüdisches Siedlungsgebiet" präsentiert worden war. Dieser fatale Irrtum findet durch die perfide Inszenierung seitens der SS und durch Rossels Unerfahrenheit eine Erklärung. In einem Interview, das Rossel 1997 mit Claude Lanzmann geführt hat (*A Visitor from the Living / Un vivant qui passe, Interview mit Maurice Rossel*. DVD, Absolut Medien 2010), verteidigt Rossel sein damaliges Fehlurteil und betont, er würde den Bericht heute genauso verfassen. Dies einbeziehend, ist man geneigt, bei der Erklärung für den fatalen Irrtum neben Rossels Unerfahrenheit auch ein beträchtliches Maß an Dummheit in Rechnung zu stellen.

Ermutigt durch diesen Erfolg versuchte die SS, das „schöne KZ" Theresienstadt in einem Propagandafilm „*Aus dem jüdischen Siedlungsgebiet*" zu dokumentieren. Die Häftlinge nannten den Film ironisch „Der Führer schenkt den Juden eine Stadt".

Im Verlauf dieser Ereignisse wurde der SS-Kommandantur offensichtlich bewusst, dass die Ermöglichung und Tolerierung gesellschaftlicher und kultureller Aktivitäten durchaus ihren eigenen Interessen entsprach. Sie schafften ein Ventil, das für die Häftlinge wenigstens für kurze Zeit den unerträglichen Lageralltag in den Hintergrund rückte. Aus der Perspektive der SS war das ein zweckdienlicher Effekt, denn er verringerte die Gefahr eines Häftlingsaufstandes (der in der Tat heimlich vorbereitet wurde).

Der Lageralltag, die Lebensbedingungen waren unerträglich. „Es bedurfte gar keiner Erschießungskommandos oder Gaskammern. Der Typhus tat das seine. Die Menschen starben wie die Fliegen" berichtete mir die Tschechin Lisa Miková, die fast drei Jahre lang in Theresienstadt inhaftiert war und dann nach Auschwitz deportiert wurde. (Ich habe eine Biografie Lisa Mikovás geschrieben und publiziert: *Ich bitte Sie, wir sind doch Europäer!*", Hamburg 2018. Im Jahr 2020 erschien sie in tschechischer Sprache – *Prosím Vás, jsme přece Evropané!* Mikulášovice 2020.)

Unter den Häftlingen waren auch hervorragende Ärzte und Krankenschwestern wie Hilde Bürger. Aber sie verfügten über so gut wie kein medizinisches Gerät oder Medikamente, und die hygienischen Bedingungen waren katastrophal. 35.000 Menschen sind in dreieinhalb Jahren unter diesen Umständen in Theresienstadt gestorben. Die sanitären Einrichtungen der kleinen 7.000-Einwohner-Stadt waren einer Belegung mit fast der zehnfachen Zahl von Häftlingen in keiner Hinsicht gewachsen. Ratten, Mäuse und Ungeziefer – Läuse, Flöhe und Wanzen – waren überall und sorgten für die rasende Verbreitung ansteckender Krankheiten. Die Sterblichkeitsrate unter den Häftlingen Theresienstadts lag höher als in Buchenwald.

Auch das war vollkommen im Sinne der SS.

Die bedrückendste Zahl im Blick auf Theresienstadt ist 200. Der Ältestenrat – die jüdische „Selbstverwaltung" (unter den Befehlen der SS) – versuchte alles, um die Überlebens- und Zukunftschancen der Kinder und Jugendlichen zu erhöhen. Sie erhielten heimlich Unterricht (was verboten war), und dieser war so erfolgreich, dass nicht wenige der überlebenden Kinder nach dem

Krieg die ihrem Alter entsprechende Klasse besuchen konnten, obwohl sie jahrelang keine Schule von innen gesehen hatten. Die Lebensmittelzuteilungen für die Kinder waren – auf Kosten der Älteren – höher. Hervorragende Pädagog*innen betreuten die Kinder in Säuglingsheimen, Kindergärten, Jugendheimen.

Das erschütternde Ergebnis: Von 15.000 Kindern und Jugendlichen, die durch Theresienstadt gegangen sind, haben knapp 200 überlebt. Andere Zahlen zu Theresienstadt sind nicht weniger deprimierend. Von rund 155.000 Menschen, die durch das Lager gegangen sind, hat nur gut jeder Zehnte überlebt.

Die Nachworte von Hilde Bürgers Tochter Renate und ihren Enkelinnen Sonja und Miriam geben aus der Perspektive der Nachkommen eine eindringliche Vorstellung davon, welche Traumatisierungen der Holocaust bei den Überlebenden hinterlassen hat – und auch davon, wie stark diese unheilbaren Wunden noch in die folgenden Generationen ihrer Familien nachwirken und belasten. Vor allem zwei Fragen nagen lebenslang an allen Überlebenden. Erstens: Warum habe ich überlebt? Warum nicht meine Schwester, mein Bruder, meine Mutter, mein Vater? Zweitens: Wie war das möglich? Deutschland, ein Kulturvolk, zu dem sich fast alle dort lebenden Juden bekannten, für das viele von ihnen in den 1. Weltkrieg gezogen waren, wurde zum Initiator des größten Verbrechens aller Zeiten.

Zur ersten Frage: Zufälle entschieden über Leben und Tod. Die gebürtige Slowakin Erika Bezdíčková, eine Rundfunkjournalistin, die heute in Brno/Brünn lebt, ging auch durch Auschwitz. Sie erinnert sich an einen Appell. Sie stand in der vorletzten Reihe. Hinter ihr stand eine Freundin. Es war November, ein eisiger Wind wehte, man stand stundenlang. Irgendwann sprach ihre Freundin sie an: „Erika, können wir nicht die Plätze tauschen? Hier hinten ist man dem Wind vollkommen ungeschützt ausgesetzt, ich bin völlig durchgefroren und halte das nicht mehr lange aus!" Die Freundinnen tauschten die Plätze. An diesem Tag schickte die SS jede zweite Reihe in die Gaskammern. Auch die vorletzte...

Zur zweiten Frage: Was die nationalsozialistische Ideologie und ihre hochprofessionelle Propaganda damals bewirkt haben, verdeutlicht in meinen Augen jenseits aller wissenschaftlichen Studien am besten ein persönliches Erlebnis, das mir der Überlebende Josef Salomonovič erzählt hat. Es trifft den Kern des Holocaust.

Das Ehepaar Salomonovič aus Ostrava mit den beiden kleinen Söhnen Michal und Josef wurde ins Ghetto Łódź deportiert, es folgten Auschwitz, Stutthof, Sklavenarbeit in Dresden und ein Todesmarsch von 250 km. Im KZ Stutthof wurde der Vater ermordet.

Josef Salomonovič lebt heute in Wien. In den neunziger Jahren saß er abends mit Berufskollegen beim „Heurigen" – man sprach ordentlich dem Wein zu. Mit steigendem Alkoholspiegel lockerten sich die Zungen, und die älteren Kollegen kamen auf die Zeit des Zweiten Weltkriegs zu sprechen. Einer berichtete: „Stellt euch vor, ich wurde gegen Kriegsende sogar noch als Wachmann in einem KZ eingesetzt!" Josef fragte, wo das denn war. „Das wirst Du nicht kennen, das war in Polen, ganz nahe an der Ostseeküste. Stutthof. Ich sage euch, es war kaum auszuhalten dort! Immer pfiff ein eisiger Wind, und wir haben auf unseren Wachtürmen gefroren wie die Schneider!" – „Aber ihr hattet doch sicher warme Kleidung: Wintermäntel, Handschuhe, Pelzmützen, Stiefel ... ?" – „Klar, aber es war trotzdem vollkommen unerträglich!" – „Und nach zwei Stunden wurdet ihr doch abgelöst und konntet euch am warmen Ofen mit einem heißen Tee aufwärmen?" fragte Josef vorsichtig weiter. „Ja sicher. Aber es war trotzdem einfach entsetzlich kalt dort und einfach unerträglich!" – „Und die Menschen, die ihr bewacht habt – hatten die denn auch Wintermäntel, Handschuhe, Pelzmützen, Stiefel, warme Öfchen und heißen Tee?" fragte Josef nach. „Menschen? Da waren keine Menschen." – „Wie? Wen habt ihr denn dann bewacht?" – „Da waren keine Menschen. Da waren nur Juden."

Zeitzeugenberichte erwecken Gedenkorte zum Leben. Nichtssagende Fassaden, Gebäude, Plätze, Mauern und Zäune werden durch sie als Schauplatz von grauenhaften, tragischen, aber auch ermutigenden Ereignissen, Entscheidungen, Geschehnissen erlebbar. Hilde Bürgers Biografie ist ein bedeutsamer Beitrag zur Erinnerungskultur, und ich freue mich, dass ich bei dieser Publikation helfen konnte. Jeder Zeitzeugenbericht ist wertvoll. Einige ragen heraus. Zu letzteren rechne ich Hilde Bürgers Erinnerungen.

Werner Imhof, Mikulášovice 2020